동화 속
철학이야기

동화 속 철학이야기

2017년 7월 10일 초판 1쇄 발행
2023년 12월 5일 초판 5쇄 발행

지 은 이   문우일
펴 낸 이   김영애
편   집   윤수미
마 케 팅   이문정
디 자 인   최혜인
펴 낸 곳   SniFactory (에스앤아이팩토리)

등   록   제 2013-00163호(2013년 6월 3일)
주   소   서울시 강남구 삼성로 96길 6 엘지트윈텔1차 1210호
           www.snifactory.com / dahal@dahal.co.kr
           전화 02-517-9385 / 팩스 02-517-9386

ISBN   979-11-86306-74-1

값 13,000원

동화 속
철학이야기

문우일 지음

다홀미디어

동화 속에 던져진
물음들

형빈아, 그리고 유빈아 지금부터 아빠가 풀어가려고 하는 책은 아마 너희들이 아빠에게 선물하는 책이 될 듯 싶다. 비록 내가 글을 써 내려가는 것이긴 하지만 그 시작은 너희들에게서 비롯된 것이라고 할 수 있기 때문이야. 너희들이 책을, 그것도 동화책을 읽고 있는 모습을 물끄러미 보다가 불현듯 떠오른 이야기를 이제야 풀기 시작한 거니까.

책을 참으로 좋아하던 너희의 모습을 보면서 엄마도 아빠도 그리고 할머니 할아버지도 많이 기뻤단다. 이야기에 빠져 시간 가는 줄 모르고 열 번이고 백 번이고 반복하던 너희의 모습이 왜 그렇게 신기하고 좋아보였던지. 근데 말이다. 아빠는 그런 너희들의 모습을 보면서 궁금한 게 생겼단다.

'어떻게 똑같은 책을 저리도 여러 번 반복하면서 읽을 수 있는 거지?'
'얼마나 신기하고 재미있으면 그럴까?'

뭐 이런 단순한 물음이 시작이었던 것 같구나. 그러다가 생각이 미친 것은 바로 너희 손에 있는 그 책들이었어. 너희들이 읽던 책들 그것은 바로 <인어공주>, <미녀와 야수>, <호랑이 형님>, <옹고집전>, <왕자와 거지> 등등 이었어. 그 제목들이 눈에 들어오는 순간 아빠는 이런 생각이 들었단다.

'어쩌면 그럴 수 있지? 내가 어렸을 때 읽었던 바로 그 책들을 여전히 우리 아이들도 재미있게 읽어가네?'

참으로 놀라운 일이었단다. 사실 그 책들은 이 아빠의 나이보다도 더 오래도록 살아남은 책들이었지. 너희의 할아버지들조차 이야기를 꿰고 있는 그런 책들이거든. 어떻게 그 책들은 수 십 년이 지나도록, 아니 어쩌면 수 백 년이 지나도록 여전히 놀라운 이야기를 남기고 있는 것일까?

아주 오래전에 써진 책, 하지만 우리가 살고 있는 이 시대에 여전히 사람들에게 의미 있을 법한 책을 우리는 '고전'이라고 한단다. 많은 사람들은 그런 고전을 대단치도 않은 책 이름에서 찾곤 하지. 플라톤이라는 서양철학자가 쓴 『국가론』이나 공자라는 유교의 창시자가 기록한 『논어』 정도는 되어야 고전이라고 이름을 붙이곤 하지. 물론 <춘향전>이나 <홍길동전> 같은 소설도 고전의 반열에 있다고 말해지곤 해. 하지만 그렇게 유명하거나 거창하지 않더라도 너희들이 읽던 그 동화들, 그것도 고전이라는 걸 너희들이 이 아빠에게 깨우쳐준 거였어. '그래 고전이기에 그리도 재미있게 읽

5

을 수 있었던 것이구나!' 하지만 참으로 아쉽게도 그 이야기들은 단지 동화 속 허구로만 너희들의 상상력과 호기심을 자극하는 정도라는 것이 못내 아쉽더구나. 방금 이야기했듯이 '고전'이란 것은 옛날부터 지금까지 사람들에게 의미 있는 것들을 담고 있는 법인데, 그 의미는 온데간데없고 그냥 황당무계한 이야기만 남은 듯하니 말이야.

그래서 이 아빠가 결심했단다. 책을 한 번 써보기로. 동화 속 이야기를 모두 담지는 못하더라도 몇몇 동화를 가지고 그 속에 담긴, 누구라도 고민해야 할 문젯거리들과 그 속뜻을 조금씩이나마 풀어서 설명해 보기로. 잘 될지는 모르겠네. 너희도 알다시피 아빠는 그리 책을 많이 읽는 사람도, 그렇다고 학문적 업적이 많은 사람도 아니잖니. 하지만 아빠가 배운, 그리고 여전히 배우고 있는 '철학'이라는 도구가 이런 아빠의 의도를 잘 풀어가는 데 도움을 줄 것 같아. 왜냐고? 적어도 아빠가 아는 '철학'이라는 학문은 사람이라면 누구나 궁금해 하는 것에 대해서 물음을 던지게 해 주는 학문이거든.

동화 속에서 제시하고 있는 다양한 문제들과 그 문제들에 대한 해답을, 철학이라는 틀 속에서 풀어가다 보면 마구잡이로 허우적대는 허접한 책으론 남지는 않을 듯하구나. 어때! 그럴싸하지 않니?

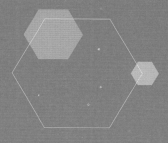

그럼 잔뜩 기대를 품고서
이야기를 시작해 볼까?

| 목차 |

사람아! 사람아!

생각해보자

세상에는 참으로 흉악한 놈들이 많이 있다는 거 잘 알고 있지? 납치범이나 살인범은 물론이거니와 히틀러나 이디아민 같은 반인륜적 독재자들 등등. 이들은 공통적으로 자신의 욕심을 채우기 위해서 누군가에게 인간이라면 차마 하지 못할 만행을 저질렀다는 것이지. 그런가 하면 소소한 미담 사례 중에 이런 것도 있어. 어떤 사람이 물에 빠졌다가 자기가 기르던 개 덕분에 목숨을 건졌다는 이야기 말이야.

어때? 너희들 생각에 '흉악범인 사람'하고 '충직스런 짐승'하고 비교해볼 때 누가 더 사람 같을까? 만약 '흉악범'이라고 답한다면, 그리고 '충견'이라고 답한다면 왜 그런지 한 번 꼼꼼히 따져볼래?

그리고 하나 더! 위의 이야기를 통해서 알 수 있는 인간의 조건이 무엇인지 한 번 나열해 볼래? 한 세 개만.^^

01 | 사람이 되고 싶었다고?

인어공주 * 미녀와 야수 * 구미호 * 호랑이 형님

사람이 되기를 바라는 마음

자~. 그럼 무슨 이야기부터 시작해볼까? 그래 우리 '사람'에 관해 이야기하는 게 좋겠군. 많은 동화들이 가장 많이 다루는 문제가 바로 '사람', 보다 정확히 말하면 '사람다움'에 관한 것이니까. 정말로 많은 동화 속에 사람이 되고 싶어 하는 동물들이 등장하고 있다는 건 너희도 잘 알지? 우리의 〈단군 이야기〉는 말할 것도 없고, 〈인어공주〉나 〈미녀와 야수〉, 구전설화로 분류되는 〈구미호〉나 〈호랑이 형님〉 등등 셀 수 없는 동화들이 사람이 되고 싶어 하는 동물들에 관한 이야기로 넘쳐난단다. 어때? 뭔가 마음에 울림이 좀 있어? 없다면 너희들이 알아보기 쉽게 굵은 글자로 다시 써 줄게.

'사람이 되고 싶어 하는 마음'

아마 너희들은 그러한 동화 속 주인공들이 정말로 사람이 될 것인지 아닌지 매우 흥미진진한 관심을 갖고서 글을 읽었을 거야. 뭐 어떤 동화에서는 사람이 되기도 하고, 또 어떤 이야기에서는 실패하기도 하고 그렇지. 하지만 그런 성공과 실패라는 결과에 주목하지 않더라도 이들은 모두 '사람이 되고 싶어 하는 마음'을 담고 있다는 점에서는 공통적인 특징이 있다고 할 수 있어.

〈인어공주〉의 애리얼은 왕자와 결혼하기 위해 목소리를 포기하면서까지 사람이 되고 싶어 했고, 〈미녀와 야수〉의 야수는 미녀를 억지로 자신의 성에 감금시켜서라도 기어이 사람이 되고야 말겠다는 의지를 갖고 있었지. 물론 구미호는 무려 100일 동안이나 자신의 비밀을 들키지 않고 남자와 생활을 해야만 사람이 될 수 있음에도 불구하고 기꺼이 그런 힘든 과정을 시도했어. 그리고 〈호랑이 형님〉에서는 자신이 먹이로 잡았던 나무꾼의 허풍에 단박에 넘어가서 비록 자신이 다시 인간이 될 수는 없다고 이해는 했으나, 여전히 호랑이가 아니라 사람으로 살기를 간절히 원한 모습이 나타나지.

이제 좀 눈여겨 볼 수 있겠니? 사실 동화 속 이야기에서 동화스런 부분을 살짝만 걷어내면, 우리의 실제 모습이 드러나기도 한단다. 어쩌면 이 이야기들은 사람이 되기를 간절히 바라는 마음이 없다면 절대로 사람이 될 수 없다는 것을 이야기하고 있는 것은 아닐까?

앗! 궁금한 점이 생기지? 갓 태어난 아이들도 우리는 사람이라고 부르지. 그리고 그 아이들이 어떤 과정을 거치더라도, 그리고 어떤 모습으로 성장하더라도 우리는 그들을 '사람'이 아닌 다른 종種으로 이해하지는 않잖아. 그지? 근데 왜 '사람이 되기를 바라는 간절한 마음'이 필요한 걸까?

사람다운 사람

이 질문에 답하기 위해서는 '사람다운 사람'이라는 말을 이해할 필요가 있어. 많은 사람들은 흔히 이런 이야기를 해 '먼저 사람이 되라', '사람이면 사람이냐, 사람다워야 사람이지!' 사람이란 단어가 많이 나와서 좀 헷갈리긴 한데, 뭐 내용은 대충 알 듯하고. 재미있는 건 이런 말을 다름 아닌 사람들에게 한다는 거지.

우리가 이런 이야기를 한다는 사실을 곰곰이 생각해 보면, 이 말을 하는 사람들은 다음의 내용을 당연히 인정하고 있다고 볼 수 있어. '사람이 되지 않은 사람'이 있다는 것, 그리고 '사람답지 않은 사람'이 있다는 것. 이 둘을 잘 합쳐보면, 사람답지 않은 사람은 여전히 사람이 되지 못했다는 것이고, 이런 사람들은 진짜 사람이 되어야만 한다는 것이지. 어때 정리가 좀 돼? 예로부터 우리 어른들도 '난 사람'하고 '된 사람'을 구분했었지.

물론 이런 변화는 유일하게 사람에게만 있어. 지구상 어떤 생명체도 이런 변화를 그렇게 깊이 있게 겪지는 못하지. 대부분의 생명체들은 태어나서 온전히 독립생활을 할 때까지 매우 짧은 시간을 지내지. 예를 들어 강아지 같은 짐승들이 어미로부터 독립하는데 걸리는 시간은 많아야 3주 정도? 그 정도면 혼자 걷기까지 하지. 대부분의 포유류가 그렇게 산다고 그러네. 그런데 그게 끝이야. 그렇게 걷기 시작한 강아지와 온전한 개의 모습이 크게 다르지 않아. 하지만 사람은 그렇지 않아. 정말로 태어난 아이는 어른과 달라도 너무 다르다는 거. 이건 내가 따로 설명할 필요도 없지?

그래서 **사람은 태어나는 데서 그치는 것이 아니라 온전한 사람으로 되어야한다**는 거라고 할 수 있어. 어쩌면 〈단군이야기〉나 〈인어공주〉, 〈미녀와 야수〉, 〈구미호〉나 〈호랑이 형님〉 등과 같은 이야기는 이런 이야기를 하고 싶었을 거야. 우리는 태어날 때 곰이나 야수처럼, 마치 천하를 호령하는 호랑이처럼 태어났지만 진정한 사람이 되기 위해 애써야 한다고. 어때 그럴싸하지 않아?

하지만 그렇다고 태어난 인간을 진짜로 완전한 짐승 그 자체의 모습라고 여길 필요는 없어. 짐승처럼 보이긴 해도 내적 의식은 짐승들의 그것과는 다르니까. 정말로 그것조차 본능에 이끌리는 짐승의 모습만이라면 어쩌면 우리는 '사람다운' 모습을 상상도 하지 못했을 걸?

'쑥과 마늘만을 먹는 곰, 어때 그게 진짜로 곰이 할 수 있는 행위라고 생각한 건 아니겠지? 자기에게 정말로 소중한 목소리를 버릴 수 있는 용기를 실행에 옮기는 물고기도 마찬가지고, 잡아먹을 수도 있는 사람을 곁에 두고, 본능을 감춘 채 무려 100일을 살겠다고 다짐하는 구미호는 또 어떻고. 비록 사람이었다고는 하나 야수의 본능대로 살 수밖에 없는 저주에서 야수가 잊지 않은 건 결국 정해진 규칙을 따라야한다는 거. 이런 측면에선 이 '짐승'들이 온전히 짐승만의 삶에 있지 않고 그 내면의 소리에 귀를 기울이고 있었다는 거지. 사람으로 살고야 말겠다는 굳은 다짐의 소리 말야. 옛 이야기를 읽는 너희들도 이제 너희 내면의 소리에 귀를 기울일 수 있을까?

너와 함께여야 사람

이제까지 이야기를 살펴보면 옛 동화들이 은연중에 강조하고 싶었던 것은 우리가 태어난 그대로 살 것이 아니라, 우리 내면의 소리에 귀를 기울이면서 진짜 사람으로 성장해야 한다는 것이지.

그럼 조금만 시선을 넓혀볼까? 사람다운 사람이 된다는 것은 구체적으로 어떤 걸까? 그걸 한 두 마디 말로 정리할 순 없지만, 지금 이야기하고 있는 동화 내용으로만 풀어보자꾸나.

참 이상하지? 네 가지 이야기들이 모두 사랑에 관해 이야기하고 있다는 게 말야. 〈단군 이야기〉는 곰이 웅녀가 된 뒤로 환웅과 결혼하는 과정이 묘사되어 있고, 〈인어공주〉는 아예 공주가 사랑을 얻기 위한 여정을 전체 줄거리로 하고 있지. 그런가 하면 〈미녀와 야수〉나 〈구미호〉는 진정한 사랑이건 가짜 사랑이건 벨Bell이란 여자애나 사내와 함께 해야만 사람이 될 수 있는 것으로 설정하고 있잖아. 아! 〈호랑이 형님〉에는 사랑 이야기가 안 나오나? 그렇지 않아요. 조금 넓게 보면 호랑이가 비록 사람의 모습으로 변하지는 않았지만 나무꾼의 부모님을 위해 때마다 철마다 사냥한 짐승들을 마당에 가져다 놓는 건 결국 부모님에 대한 사랑의 표현이니까.

이렇게 보면 이런 동화 속에서 **사람이 된다는 건 누군가와 사랑을 나누는 과정에서 이루어지는 것**이라고 생각한 것은 아닐까? 이렇게 이해해도 될 듯해. 다른 누군가에게 자신의 사랑을 표현하거나 혹은 그 누군가로부터 사랑을 받는 것이 아니라면 우리는 사람이 될 수 없다고 이야기하는 것이라고.

근데 누군가에게 사랑을 표현하거나 혹은 누군가로부터 사랑을 받는다는 것은 누군가 다른 사람과 진심을 나누는 것을 이야기한다고

할 수도 있지. 물론 그 누군가는 '사람'이어야하고. 옛 말에 이런 표현
이 있잖아. **'사람은 사람 사이에서만 사람'**이라고. 사람을 뜻하는 한자
'人^인'도 두 사람이 기대고 있는 것을 말하는 것이라는 거. 그게 단순히
다른 사람의 무리 속에 있는 것만을 뜻한다기보다는, 진심을 나눌 수
있는 누군가와 기대고 있는 뜻으로 해석하는 것이 맞을 거야.

어때! 이제 스스로 사람이 되길 바라는 마음이 좀 샘솟는 거 같
아? 누군가를 진심으로 대해야 한다는 것에 대해 고민을 좀 해봤으면
참 좋겠다.

02 | 나하고 똑같이 생겼는데, 다르다고?

옹고집전 * 왕자와 거지

몸뚱이와 나

사람에 관한 이야기를 좀 더 해볼까? 앞에서 사람은 사람들 속에서만 사람이라고 했었지? 물론 그냥 사람들 속에 무리지어 있다고 사람일 수는 없고, 누군가 진심을 나누는 대상과 마주하고 있어야만 사람이라고 했었던 것도 기억하니?

근데, 만약 그런 사람들 중 나와 외모가 똑같은 사람이 있다면 어떨까? 쌍둥이들은 아마 그런 상황이 많지 싶어. 자신과 똑같이 생긴 누군가와 나누는 삶 속에서 성장하는 과정을 겪어야 하는 것이 그들이니까. 하지만 대체로 일반적인 사람들은 그런 경험이 매우 낯설지. 문득 어떤 상황에서 그런, 그러니까 자신과 외모가 어마어마하게 흡사

한 누군가를 마주하게 되면 느끼는 당혹스런 감정들이 있곤 하지. 물론 어떤 사람들은 그런 누군가가 있으면 참으로 좋겠다고 생각하겠지만…, 근데 옛 이야기나 동화, 심지어는 영화들 중에서도 이런 상황을 모티브로 삼은 게 있다는 거야.

〈옹고집전〉이나 〈왕자와 거지〉는 다들 읽어 봤겠지? 매우 흥미진진한 이야기였을 거야. 못된 옹고집을 혼내주기 위해 도승이 지푸라기로 옹고집과 똑같이 생긴 사람을 만들어서 옹고집을 혼내주는 이야기나, 왕자가 자신과 외모가 똑같은 거지와 신분이 뒤바뀐 채로 말도 안 되는 상황으로 지내다가 다시 원래 자리로 돌아와서는 자신이 겪은 경험을 토대로 정치를 편다는 이야기.

이 이야기들은 다른 건 몰라도 외모가 동일한 누군가를 끌어와서 이야기 속에서 현재의 자신에 관해 이야기하고 있다는 점이야. 이런 이야기 구조는 여러 영화에서도 다시 반복되어 쓰이곤 해. 서양에서는 〈페이스 오프Face off〉라고 유명한 영화가 있고, 우리나라에서는 〈광해〉라는 영화가 그러했지.

물론 많은 사람들은 그저 쌍둥이 이야기 정도로 생각할 수도 있어. 하지만 조금 비틀어서 생각해보면 조금은 깊이 있는 문제가 숨어 있지. '자아'와 관련하여 몸뚱이는 어떤 의미를 지닐까?

'이게 뭐 그리 심오한 문제인가?'라고 생각하는 사람도 있을 수 있겠지. 그런데 한 번 잘 생각해 보자고. 우리는 때마다 손톱을 깎고 아무렇게나 버리지. 물론 머리를 자르고는 함부로 버리는 것도 마찬가지고. 아마 잘린 손톱이나 머리카락이 나와 무관하게 되어버렸기 때문이라고 생각해서가 아닐까? 그러니까 그 잘린 손톱이나 머리카락은 내가 아니고 '그것들'이 붙어 있던 '것'이 나라고 생각을 한다는 것이지.

근데 이렇게 생각을 해보면 어떨까? 좀 징그럽긴 하지만 우리 같이 생각해 보자고. 만약 누군가가 손가락이 잘렸다고 가정해 보면. 과연 잘린 손가락이 나일까? 아님 그 손가락이 붙어 있는 '그것'이 나일까? 여전히 잘린 손가락은 '내'가 아니라고 생각할 수도 있겠지. 그러면 만약에 누군가가 팔이 잘렸다면? 아니 허리 아래와 위가 따로 떨어졌다면? 아마 많은 사람들이 머리가 붙어 있는 쪽을 '나'라고 강력하게 주장할 듯해. 하지만 만약 누군가의 머리와 몸뚱이가 분리되어 살아 있는 사람이 있다고 가정해보자고. 여전히 우리는 머리가 붙어 있는 그것이야말로 진정으로 '나'이며 머리 없는 몸뚱이는 '내'가 아니라고 주장할 수 있을까?

사실 **몸은 우리가 스스로를 자각하는 가장 기초적인 것이라고** 할 수 있지. 몸 자체가 '나', 즉 '자아'를 구성하는 하나로 이해할 수도 있을 거야. 이야기에서도 옹고집이나 왕자(거지) 당사자들 빼고 다른 모든 사람들은 둘이 동시에 눈앞에 있기 전까지는 추호의 의심도 없이 자신이 아는 바로 그 사람이라고 생각했잖아. 결국 다른 사람이 이해하는 '나'는 몸뚱이를 빼고 생각하기 어렵다는 것을 나타내준다고 할 수 있는 게 아닐까? 우리 전통에서도 '자신이 받은 신체의 터럭이나 부분들은 모두 부모님으로부터 물려받은 것이니, 함부로 훼손해서는 안 된다.'고 했지. 물론 몸의 소중함을 강조한 말이긴 하지만, 더불어 몸뚱이를 부모님으로부터 물려받은 '나'의 일부로 이해하고 있는 입장이라고 볼 수도 있지 않을까?

남처럼 나를 바라볼 수 있는 나

하지만 이 동화들이 하고 싶었던 이야기가 '나'의 의미에 있어서 외모가 차지하는 비중만을 다루는 정도로 끝날 수 있을까? 조금 더 심오한 이야기가 숨어 있는 것은 아닐까?

단도직입적으로 이야기해보자고. 앞서 이야기했던, 우리가 마주해야만 하는 사람들, 그 사람들이라는 게 꼭 다른 사람일 필요는 없지 않을까? '나 자신'도 그 사람들 중 하나일 수 있다고 생각해보면 어떨까? 이상한 소리처럼 들리지? 다른 사람하고 마주하라고 해 놓고, 그게 또 자기 자신을 대상으로 해도 된다고 하니 말이야. 그게 어떻게 가능하냐고?

음… 일기라는 거 써본 적이 언제인지 기억해? 물론 나도 일기를 자주 쓰진 않지만, 적어도 일기를 쓰는 습관만큼은 갖고 있지. 그렇게 일기쓰기와 같은 행위를 할 때, 우리는 자기 자신과 마주하는 것은 아닐까? 적어도 과거의 나와 마주하는 순간이라고 할 수 있지. 왜 누군가는 일기를 편지 형식으로 쓰기도 하잖아. '우일아! 오늘은 잘 지낸 거 같아?'로 시작하는 일기 말이야.

그래 **사람은 참으로 특이한 존재야. 자신을 마치 다른 사람 보듯 볼 수 있는 능력을 지녔지**. 조금 어려운 말로 '자기 객관화 능력'이라고 부르기도 해. 정말로 자기 자신을 객관적으로 묘사하는 능력이 없다면 인간들의 삶은 지금보다 훨씬 더 단순한 모습을 띄었을 거야. 마치 짐승들의 생활처럼.

왜냐고? 짐승들의 생활이 단순하다는 게 무슨 뜻일까? 그건 바로 짐승들이 본능에만 충실한 생활을 한다는 거야. 짐승들의 생활 패턴은 아주 간단해. 배고프면 먹고, 졸리면 자고, 때가 되면 싸고. 뭐 이런저런 삶의 모습을 아무리 여러 가지로 나열한다고 해도 결국 짐승들은 본능에 충실한 것, 그 이상도 이하도 아니지. 본능이 변화하거나 진화하지 않는 다음에야 짐승들은 삼국시대에서건 고려시대에서건 우리가 살고 있는 이 시대에서건 모두 동일한 생활을 하는 거라고 할 수 있지.

　하지만 우리 인간들은 그렇지 않아. 물론 하루하루의 삶이 큰 변화가 없는 것처럼 생각할 수 있을지 몰라. 하지만 인류 전체의 역사를 보면 우리 인간들은 지금까지 끊임없이 변화해왔다는 거. 그러니까 삼국시대를 살던 사람들의 모습과 조선시대를 사는 사람들의 모습, 그리고 현재 우리가 살고 있는 시대의 삶의 모습은 모두 어마어마하게 다르지. 이 세 가지 삶의 모습이 다르다는 것은 굳이 더 말하지 않아도 잘 알거야.

　근데 그런 변화가 어떻게 가능했다고 생각해? 그런 변화는 우리가 가진 독특한 능력 때문이야. 스스로를 완전히 자기에게 몰입되어 이해하는 거 말고, 온전히 다른 사람이 나를 바라보 듯 볼 수 있는 능력, 그 능력이 있었기 때문인 거겠지.

지금의 '나'와 되고 싶은 '나', 그리고 되어져야 하는 '나'

　그런데 도대체 우리가 스스로를 객관적으로 보는 것이 우리에게 어떤 의미를 지닐까? 우리는 **우리 스스로를 단지 객관적으로 바라보거나 살펴보는 것에 머무르지 않고, 그 모습을 평가하여 반성하고 내일**

을 설계하는 능력을 갖고 있어. 그래서 우리가 일기를 쓸 때는 단순히 오늘 있었던 일을 시간 순서대로 나열하는 데 그치지 않고, 무엇인가 하루를 반성하고 더 나은 내일의 삶을 그려보기 위한 시간으로 만들곤 하지.

그런데 그러한 반성과 설계는 이렇게 이야기할 수 있지 않을까? 그건 다름 아닌 지금의 '나'가 되고 싶은 '나'가 있는데, 그런 되고 싶은 '나'에 대해서도 다시 한 번 평가를 내리고는 정말로 되어져야 하는 '나'를 생각하는 과정 속에서 드러나는 것이라고.

〈옹고집전〉에서 진짜 옹고집이 가짜 옹고집을 만나고 나서, 한참을 자신이 진짜 옹고집이라고 우기게 되지. 가짜 옹고집이 자신의 삶을 완벽하게 객관적으로 복사해 놓았는데도 여전히 자신이 그 자리로 돌아가야만 한다는, 즉 정말로 간절히 옹고집의 모습이 있는 그 자리로 돌아가고 싶어 하지. 그렇게 무엇인가를 간절히 바라는 '나'의 모습 역시 '나'의 한 모습이지. 하지만 진짜 옹고집은 멀지 않은 시간에 —물론 수령의 처벌에 따라 험한 고초를 당하고 나서야 알게 되지만— 정말로 어떤 삶을 사는 것이 중요한지를 깨우치게 되고, 자신이 되고 싶었던 옹고집의 모습에서 벗어나서, 되어야만 하는 옹고집의 모습을 새롭게 갖추게 되지. 물론 그러한 모습이 아주 완벽하게 이루어지는 듯 동화는 끝을 내고 있어. 우리 현실과는 사뭇 다르게 말이야.

물론 <왕자와 거지>에서도 이러한 다층적인 '나'의 모습은 그대로 나타나고 있어. 어처구니없는 사건으로 궁에서 쫓겨난 왕자는 빈민의 삶을 겪게 되면서 궁전 안에서 살고 있는 자신의 모습에 대해 다시 한 번 생각해 보는 기회를 갖게 되지. 하지만 당장은 궁전으로 다시 돌아가야 한다는 막급한 욕구에 치우쳐서 어떤 왕자가 되어야 할지에 대해서는 생각도 못한 것 같아. 그런데 왕자가 우여곡절 끝에 다시 궁으로 돌아가 즉위식을 하고 나서는 모든 백성들을 위한 정치를 펴는 훌륭한 왕이 되었다는 이야기로 끝을 맺지. 그런데 그 왕자가 왕이 되고서는 정말로 백성들을 위하는 정책을 펼쳐서 백성들로부터 칭송이 자자했다는 것으로, 이 역시 매우 아름답게 이야기를 끝내고 있어. 하지만 드러나지 않은 이야기의 이면을 다시 생각해본다면, 이런 상상이 가능하지 않을까? 왕자 자신이 빈민 속에 살면서 느꼈던 많은 경험으로부터 왕자는 정말로 되어야만 하는, 그리고 갖춰야만 하는 왕의 모습에 대해서 생각해보는 시간을 가졌으며, 이를 바탕으로 자신이 바라는 바의 모습을 지닌 왕이 되기 위해 노력하는 것이라고.

이렇게 우리는 세 가지 정도의 모습으로 우리 스스로를 변신시킬 수 있어. 그리고 그러한 세 가지 모습 중 어느 것만이 진짜 '나'라고 착각할 필요도 없어. 현재의 '나'도 '나'이지만, 되고 싶은 '나'이거나 되어야만 하는 '나' 역시 내가 아니라고 주장할 하등의 근거는 없으니까. 더 중요한 것은 이 세 가지 중 어느 것 하나라도 소홀히 홀대했다가는 매우 어려운 상황에 봉착하게 될 거야. 반면에 이 세 가지 모습을 자유롭게 넘나들면서 조금씩 더 발전적인 모습을 구상한다면 정말로 모두에게 좋은 삶이 되지 않을까? 불편한 옹고집이 정말로 훌륭한 옹고집으로 살게 되고, 아무것도 모르던 왕자가 진정한 왕이 될 수 있었던 것처럼 말이야.

어때? 너희들도 현재의 자신의 모습이나 되고 싶은 스스로의 모습만 자꾸 생각할 것이 아니라 앞으로 어떤 모습이 되어야 진정한 자신의 모습을 드러낼 수 있을지 생각하고 또 생각해봐. 그리고 그러한 모습이 되도록 결단하는 삶을 살아보는 거! 좋지 않을까?

03 │ 내 속에 네가 있다고?

신데렐라 * *콩쥐 팥쥐*

사람에 관해 할 수 있는 이야기가 좀 더 많을 거 같은데, 여기서는 마지막으로 '우리'에 관해 이야기해 보도록 하자. 우리 전래동화와 놀랍도록 닮은 서양 이야기가 있지. 바로 〈콩쥐와 팥쥐〉와 〈신데렐라〉 이야기야. 두 이야기 모두 읽어봐서 잘 알지? 권선징악에 관한 대표적인 이야기들이라고 생각하고 있을 거야. 근데 여기서 어떻게 '우리'에 관한 이야기를 할 수 있겠냐고? 어디 한 번 살펴볼까?

내 안에 있는 우리

두 소설은 기본 구성부터 제시하는 교훈까지 닮은 구석이 많아도 너무 많아. 아주아주 착한 딸이 하나 있었는데, 아버지가 재혼을 해서 새로 들어온 엄마와 그 엄마가 낳은 배다른 자매(들)이 이 착한 딸을 구박하는 과정을 담고 있어. 또 신발을 모티브로 해서 고을 원님이나 왕자님과 결혼하게 된다는 이야기까지, 기본 등장인물들끼리의 관계는 말할 것도 없고, 갈등이 풀리는데 신발이 매우 중요한 제재가 되고 있다는 점, 그리고 이야기가 풀려가는 방식까지 두 이야기는 단지 이름만 다를 뿐, 완전히 동일한 것이라고 볼 수 있어.

사정이 이렇다보니까 두 이야기의 기원이 되는 또 다른 이야기가 있다는 설도 있어. 만약 두 이야기의 기원이 같은 또 다른 제3의 이야기가 있다면, 이야기를 만들어낸 사람이 한 사람이므로 지금 우리가 이야기하려고 하는 사람 마음이 같다는 것에 대해서는 생각할 필요도 없겠지.

하지만 설령 두 이야기가 동일한 뿌리에서 나온 다른 버전이라고 해도 여전히 남는 의문은 두 소설이 어떻게 서로 다른 문화 속에서 그 오랜 세월동안 살아남게 되었냐는 것이야. 왜냐하면 아무리 이야기가 똑같다고 해도 그것을 본 사람들, 즉 독자들이 재미없거나 의미없다고 생각했었다면 살아남지 못했을 것이거든. 근데 두 이야기가 살아남았다는 것은 단지 이야기의 공통점을 뛰어넘어서, 그것을 보고 있는 독자들에게서 발견할 수 있는 공통점이 있다고 생각되거든. 전혀 다른 지역에서 그리고 완전히 다른 문화 속의 사람들이 동일한 주제와 유사한 포맷을 통해 재미와 감동을 느껴왔다는 건 정말로 사람들이 이야기를 바라보는 관점이 유사하다거나, 혹은 감동을 느끼는 포인트 등이 비슷하다는 것이야.

좀 더 확대해서 이야기하면 사람은 누구나 특정 대상, 즉 누구라도 나쁜 행동이라고 여기는 것과 그러한 나쁜 행동을 일삼는 사람에 대해서 놀라우리만큼 동일한 관점을 지니고 있거든. 또한 그러한 일들이 해결되기를 바라는 마음과 그 방향성에 있어서도 비슷한 구석을 갖고 있다는 것이지. 어쩌면 그래서 권선징악에 대한 이야기가 그렇게도 많은 것일지도 몰라. 사실 이렇게 본다면 탐관오리를 혼내주는 〈홍길동〉 이야기나 의적 〈로빈 후드〉, 부자가 될 욕심에 동생을 괴롭히다 혼쭐이 난다는 〈흥부와 놀부〉, 착하디 착한 공주가 마녀의 도술에 걸려 궁지에 몰렸다가 다시 마녀를 혼내준다는 〈백설공주〉 등등 이루 말할 수 없는 권선징악을 주제로 한 동화들이 있지.

동서를 막론하고 양심에 대해 강조하고 또 이야기하면서 누구라도 동일한 마음씨를 갖고 있음을 강조한 것이 아마 그래서 그런 것이 아닐까. 한번 너네도 잘 생각해 봐.^^
물론 그 반대도 가능해. 참 이상하지? 나쁜 사람들의 마음씨가 비슷한 거 말야. 이들은 모두 누군가를 시기하는 마음씨를 갖고 있어.

그리고는 그것을 빼앗고 싶어서 많은 나쁜 짓들을 하는 거지. 팥쥐는 콩쥐의 것을 빼앗기 위해 한없이 괴롭히다가, 심지어는 죽여버리기까지 하지. 〈신데렐라〉에서 계모와 언니들이 신데렐라의 것을 기어이 자기 것으로 만들기 위해 발뒤꿈치나 발가락을 잘라서라도 유리구두에 발을 구겨 넣으려는 모습은 시기심의 극치 및 지나친 욕심을 이야기하고 있는 거야.

그래서 어쩌면 우리들 모두가 갖고 있는 동일한 마음에는 앞서 이야기한 양심만이 아니라 그러한 시기심과 욕심도 함께 갖고 있는 것은 아닐까? 그리고 그러한 시기심과 욕심을 부리는 누군가가 어떤 일을 당하는지를 똑똑히 보면서 스스로가 그런 삶을 살아선 안 되겠다고 교화되는 것 같아.

동화가 어떤 의도를 갖고 쓰여졌건 내가 지금 이야기하고 싶은 건 그러한 이야기를 보고 있는 사람들의 마음이야. 정말로 우리 모두는 양심과 같은 선량한 마음씨를 공통적으로 갖고 있는 것일까? 아니면 시기심과 이기심 같은 마음이 공통적인 걸까. 어떤 식으로 결론을 내리던 동서를 막론하고 이 소설에 감명받는 사람들은 둘 중 하나에 대해서는 나름대로의 답을 갖고 있지. '모든 사람은 착한 양심을 갖고 있어!'라든지, 아니면 '모든 사람은 시기심과 이기심을 갖고 있어'라고 말이야. 물론 '모든 사람은 양심과 동시에 이기심도 갖고 있어.'라고 답할 수도 있겠지. 어때? 어느 쪽이든 모두에게 같은 마음씨가 있다고 인정하는 거 맞지? 그래, 그래서 내 안에 우리가 있어! 라고 이야기할 수 있어. 우리 안에 내가 있는 게 아니고, 내 안에 우리가 있는 것이지.

내 안에 있는 너

우리는 모두 그래서 '사람'으로 불리는 거야. 어떤 것이든 사람에게서만 보인다는 점에서 그러하다는 이야기지. 근데 사실 사람이 갖고 있는 보편적 마음만을 놓고 이야기하기에는 조금 다른 이야기도 필요할 듯해. 무슨 이야기냐 하면, 시공을 초월한 마음과는 달리, **'그' 사회, 즉 같은 공간, 같은 사회에 살고 있는 사람들끼리만 갖고 있는 것도 생각해 볼 수 있다는** 거야.

우리는 각자가 살고 있는 사회 속에서 그 사회에서만 통용되는 다양한 문화를 향유하며 살아가곤 하지. 한국말을 쓰는 사람 사회에서 한국어를 모르면 살기 어렵고, 중국어를 사용하는 나라에서 에스키모들만의 용어를 가지고 소통을 할 수 없는 것과 같아. 결국 문화적 삶을 산다는 것은 같은 문화를 향유하는 사람들끼리만 통하는 무언가가 있다고 할 수 있지 않을까?
앞서 잠깐 이야기했지만, 두 이야기의 뿌리가 되는 또 다른 이야기가 있을 수 있다고 했었지? 근데 만약 정말로 뿌리가 되는 하나의 이야기가 있었다고 하면, 왜 두 이야기에 등장하는 사람과 사용되는 여러 소재들 등은 차이가 날 수밖에 없었던 것일까?

너무도 당연한 이야기겠지만, 두 이야기가 전래되었던 공간과 사회의 차이에 기인한 것이라고 할 수 있을 거야. 〈신데렐라〉에 등장하는 무도회는 우리의 전통에는 있을 수 없는 것이지. 과년한 딸이 아무리 왕자와 같은 귀족들이 모인다고 해서, 초대도 받지 않은 상태로 그 모임에 나가 춤을 추며 논다는 건 불경스런 일일 거야. 그런데 그게 서양 이야기에는 등장하거든.

물론 그 반대도 마찬가지야. 〈콩쥐 팥쥐〉는 콩과 팥이라는 농경사회를 배경으로 한 이름부터, 요정이 아닌 직녀 선녀라는 동양의 선계仙界의 신령스런 존재가 등장한 것 등 사실 농경사회와 동양이라는 사회적 배경이 없었다면 자연스럽게 등장하기 어려운 소재라 할 수 있지.

이야기는 어떤 식으로든 읽는 독자들이 알아듣기 쉽게 상황을 설정했을 것이고, 그 이야기를 읽는 독자들 역시 자신들의 이야기처럼 동화를 대했기에 더욱 오래도록 울림을 주지 않았을까?

결국 이야기가 전달하고자 했던 것은 보편적 인간성에 뿌리를 두고 있는 듯 보이지만, 그 이야기를 풀어가는 표면적 방식에서는 각각의 시대적이고 공간적인 배경이 중요한 역할을 했다는 거야. 그렇다면 각각의 이야기들을 읽는 사람들끼리만 공유하는 공통점들이 책의 수명을 길게 해준 어떤 것이라고 할 수 있을 것이고, 그러한 공통점은 뒤집어서 말하면 각자의 모습은 각자가 함께 갖고 있는 것이기에 그런 오랜 울림을 남길 수 있었던 거야.

어때? 이런 이야기는 우리가 지금 살고 있는 시대에도 매우 중요한 것이 아닐까? 세계는 벽을 허물고 하나의 덩어리처럼 움직인다고 하면서도 동시에 각 나라들의 고유한 전통을 지키려는 노력을 게을리 하지 않고 있단 말이지. 이는 결국 세계가 하나로 통할 수 있다는 기대와 더불어 자기가 속한 사회 속에서 그 사람들끼리만 공유하는 어떤 것들에 대한 긍지와 자부심이 바탕이 되지 않으면 어려운 것이잖아. 그렇지? 단순히 우리가 살아남기 위해 세계화와 지역화를 거창하게 이야기하는 것보다는 **이처럼 그냥 우리가 그렇게 생긴 존재라는 것을 받아들여야 해. 즉 시공간을 뛰어넘는 인간성을 갖고 있으며, 동시에 자신이 살고 있는 사회의 사람들끼리의 공통점을 함께 지니고 있는 존재라는 것을 잊지 않는다면** 아마 현대인들에게 요구되는 자세를 조금은 더 어렵지 않게 받아들일 수도 있을 거야.

진짜? 가짜?

위의 세 그림 속에서 공통적으로 보이는 것이 있지? 그것이 무엇인지 아래 칸에 자신의 생각을 한 번 적어 볼래?

아마 두 가지 답이 가능할 거야. 세 칸 모두 젓가락이라고 적었거나 혹은 젓가락, 비녀, 표창이라고 적었거나. 이런 차이는 어떻게 생기는 것인지 한 번 생각해 보고, 남는 게 시간밖에 없는 사람은 '저 것'이 진짜 무엇인지도 한 번 고민해 볼래?

'있는 것'과 '있다고 생각하는 것'

이야기를 좀 바꿔볼까? 이제까지 사람에 관한 이야기를 했으니까, 이제는 그냥 자연에 관해 이야기를 좀 해보자꾸나. 아니 좀 더 정확히 말하면 자연이라기 보다는 '있는 것'과 '있다고 생각하는 것'에 대한 이야기가 되겠군. 우리 주변에는 참으로 많은 것이 '있지'. 근데 잘 생각해 보면 **그건 '있는 것'이라기 보다는 '있다고 생각되는 거'야.** 헷갈리지? 이번 장에서는 이 둘을 구분하는 것이 우선 좀 필요할 것 같아. 조금 어려울지도 모르니까 차근차근 잘 읽어봐.

어디 우리 주변에 있는 것들을 나열해 볼까? 그렇지 지금 책을 들고 있을 테니, 책이 있을 것이고, 어떤 친구는 안경을 끼고 책을 볼 테니까 안경도 있을 거고, 의자에 앉아서 책상에 책을 놓고 읽는 친구도 있을 테니 의자나 책상도 우리 주변에 있는 것들 맞지? 그래 지금 이야기하려는 '있는 것'이란 다름 아닌 바로 그렇게 우리 주변에서 흔히 볼 수 있는 것에 관한 이야기야.

근데 그게 어떻게 실제로 있는 게 아니고, 있다고 생각하는 것이냐고? 이렇게 생각해볼까? 우리가 앉을 때 사용하는 '의자'를 생각해 보자. '의자'가 영어로 'chair'인 것은 다 알지? 근데 만약 미국에 사는 어떤 사람이 그리고 단 한 번도 한국 사람과 대화를 해본 적도 없고, 한국어를 접할 기회가 전혀 없던 사람이 있다면, 그 사람에게 'chair'는 '의자'일 수 있을까? 아직도 내가 무슨 이야기하려는지 잘 모르겠지? 그럼 한 가지 경우를 더 생각해 보자고. '椅子^{의자}'. 이게 뭐냐고? 의자에 해당하는 한자야. 물론 중국발음은 나도 몰라. 당연히 '椅子'밖에 모르는 중국인들에게는 '의자'나 'chair'가 무엇을 가리키는 것인지 전혀 알 길이 없겠지?

그럼 만약에 우리가 그냥 이렇게 약속을 했다고 치면 어떨까? 오늘부터 그것을 '자의'라고 부르기로 약속하자고. 그렇다면 우리가 그것을 굳이 '의자'나 'chair', 혹은 '椅子'로 부르지 않더라도, '자의'로 부르기로 약속한 그것은 아무런 변화도 없이 그냥 그렇게 있을 것 아니겠어?

그러니까 정말로 있는 것은 '의자'가 아니라 우리가 '의자'라고 부르는 어떤 것'인 거지. 정말로 그렇다면 누군가가 **우리에게 "저기에 있는 게 뭐야?"라고 물었을 때, '의자'라고 답하는 것은 정확하지 않아. '의자'라고 불리는, 혹은 '생각하는 어떤 것'으로 답하는 것이 더 정확하다**는 것이지.

조금 복잡한가? 그럼 〈미운오리새끼〉 이야기를 해보면 되겠네. 이야기 속 미운 오리는 오리야? 아니면 백조야? 조금 못나긴 했어도 다른 오리들하고 비슷하게 생겼으니까. 그리고 다른 오리들이 나온 알하고 같이 있던 알에서 나왔으니까. 그건 어미 오리에게, 그리고 형제 오리들에게 당연히 오리일 수밖에 없었겠지. 근데 그 '미운 오리'는 실제로 오리가 아니라 백조였잖아? 그러니까 어미 오리와 형제 오리들에게 그놈은 '자신들 생각에' 오리였을 뿐, 정말로 거기에 있던 것은 '오리가 아닌 무엇'이었던 거야.

어때? 있는 것하고 있다고 생각하는 것의 차이를 알겠어?

머릿속에 있는 것이 진짜?

잠깐 정리를 좀 하고 가자. '있다고 생각하는 것'이란 표현보다는 '머릿속에 있는 것'이란 표현이 더 이해하기 쉬울 것 같아. 앞서서 우리가 '의자'라고 생각하는 어떤 것'이라고 표현했으니까. 그건 결국 '우리가 생각하는 의자이므로, 결국 '머릿속에 있는 의자'인 셈이잖아. 그러니 이제부터 '머릿속에 있는 것'에 대해 생각해 보자고.

그럼 여기서 질문 하나. 우리 머릿속에 있는 의자가 진짜일까? 아니면 가짜일까? 어쩌면 그게 진짜 '의자'는 아닐까? **우리가 의자로 부르는 눈앞에 있는 그것은 사실 의자가 아니고 우리 머릿속에 자리 잡고 있는 의자가 진짜 의자일 수도 있다는 것!** 어떻게 생각해? 그건 또 어떻게 그러냐고?

잘 생각해봐. 우리가 '의자'라고 부르는 어떤 것은 사실 의자가 아닐 수도 있다는 거, 거기에 뭔가 있기는 있지만 그건 굳이 의자일 필요는 없는 것이지. 이건 이렇게 생각해 보면 어떨까? 우리가 의자라고 부르는 어떤 것을 거실 구석에 놓고 화분을 올려놓았다면, 그건 굳이 의자일 필요는 없겠지? 화분을 놓는 선반일 수도 있는 거잖아. 안 그래? 그것이 사용하는 방식에 따라 이렇게도 저렇게도 바뀔 수 있다는 사실은 결국 진짜 의자는 우리 머릿속에 있던 그것이고, 그 생각에 따라 불린 어떤 것이 진짜 의자일 필요는 없다는 거야.

의자로만 이야기하니까 자꾸 어려워지지? 우리 북두칠성을 생각해 보면 어때? 어떤 형태라고 알고 있어? 사실 그건 그냥 일곱 개의 별들이 조금씩 떨어져서 있는 것일 뿐이잖아. 하늘 한복판에 국자는 없는 것이지. 그럼 그 국자는 어디에 있게? 그렇지 당연히 그 국자는 우리 머릿속에 있는 거잖아. 이제 인정할 수 있겠어? 정말로 우리 머릿속에 있는 것이 진짜고 머리 바깥에 있는 게 진짜일 필요는 없다는 거?

근데 이쯤에서 질문하나 나올 법한데? 도대체 이런 것들을 구분하는 것이 어떤 의미가 있냐고. 도대체 이런 쓸데없는 정신적 낭비를 해서 뭐하냐고. 그런 생각하는 사람들 있지? 근데 그건 그렇지가 않아. 만약 우리가 보고 있는 것, 식탁이나 책상 앞에 있는 어떤 것이 진짜 의자이고, 우리 생각은 그저 그것을 따라가는 것으로 생각하는 사람과 우리 머릿속에 있는 것이 진짜고 우리가 보고 있는 것은 가짜일 수도 있다고 생각하는 사람은 삶에서 어마어마한 차이가 있을 거야.
앞의 사람은 그것이 의자 이외의 다른 용도로 사용되는 꼴을 못 보겠지. 그런 사람은 물건을 대하는 태도가 매우 경직될 수밖에 없을 거야. 왜냐고? 그건 의자가 아니면 절대로 안 되는 거니까. 하지만 만약 우리 머릿속에 있는 것이 진짜이고 우리가 보고 있는 것은 가짜일 수도 있다는 걸 인정하는 사람은 물건을 대하는 태도가 훨씬 유연할 수 있지 않을까?

우리가 보고 있는 그것도 진짜?

물론 이런 이야기가 우리의 일반적인 상식과 어울리지 않는다는 건 잘 알아. 우리가 마주하는 사물이 그 자체로 진짜가 아니라는 주장을 있는 그대로 받아들이긴 쉽지 않을 거야.

<미운오리새끼>로 다시 돌아가 볼까? 아무리 어미 오리와 형제 오리들이 '미운 오리'를 오리로 알고 있었다고 한들 그 놈은 결국 백조였잖아. 그러니 오리들 머릿속에 있던 미운 오리는 가짜인 셈이고 그 놈이 백조였다는 것만이 진짜라고 할 수 있지 않겠어? 그러니 **우리가 마주하는 사물 자체가 갖는 의미가 진짜인 경우도 참으로 많은 것이라 할 수 있는 것이지.** 사실 너무도 당연한 이야기지.

<양초 도깨비>라는 전래동화 읽어봤어? 거기에는 우리나라에 양초가 처음 들어올 즈음에 벌어졌던 이야기가 담겨 있지. 어떤 시골 할아버지가 서울 나들이를 갔다가 양초를 한 묶음 사서 마을사람들에게 나눠 준거야. 근데 이 할아버지, 양초가 무엇인지 설명하는 것을 잊고 말을 해주지 못했지. 사람들은 고민에 고민을 더하다가 훈장한테

갔어요. 훈장은 사람들 앞에서 모른다고 말하기 민망하니까 국시가락이라고 했다나 어쨌다나. 사람들은 옳거니 하면서 양초를 물에 끓여먹었다는 이야기야.

이 이야기에 등장하는 사람들에게는 우리가 아는 양초는 없는 거지. 다만 그 마을 사람들 머릿속에 있는 것은 오직 국시가락일 뿐이었어. 그 사람들은 자신들의 머릿속에 있는 생각에 맞춰 '그것'을 지나치게 유연하게 사용한 것이지. 바꿔 말하면 물건으로서의 양초가 지니는 의미를 무시했기 때문에 그런 결과에 직면하게 되었던 것이야.

이제 의문이 또 생기지? 시골 할아버지가 서울에서 사온 것은 양초일까 아닐까? 그걸 진짜 양초라고 인정하자니 앞에서 이야기했던 머릿속 진짜와 앞뒤가 안 맞고, 그렇다고 당연히 가짜에 지나지 않는 것으로 간주하자니 이야기의 흐름상 인정하지 않으면 안 될 것 같고. 물론 둘 중에서 어느 것을 진짜라고 말하기는 어려울 듯해. **때로는 사물이 갖는 의미도 중요하지만, 또 그것을 이해하고 있는 우리 머릿속의 의미들이 더 중요하기도 하거든.**

그러면 도대체 어쩌란 말이냐고?

가만히 보면 이 둘이 서로서로 영향을 주면서 진짜라는 것도 조금씩 변화하는 모습을 띠는 경우도 있어. 조금 덩어리가 큰 이야기를 해

볼까? 너희들 <mark>천동설과 지동설</mark> [01] 에 관한 이야기는 잘 알지? 아마 너희들은 지동설을 당연히 진짜 태양계를 설명한 것이라고 알고 있을 거야. 하지만 사실 그건 천체의 움직임을 이해한 하나의 방식에 불과한 거지. 즉 우리 머릿속에 있는 우주의 모습일 뿐, 우주 그 자체는 아니야. 우주에 절대로 움직이지 않는 기준점이 있어서 그것을 중심으로 모든 것이 돈다고 생각하면 모르되, 모두 허공에 떠 있는 상태에서 움직이는 천체의 행성들을 어느 하나를 고정시켜 놓고 나머지가 움직인다고 설명하는 것은 단지 어느 것이 더 효율적인 설명방식이냐의 문제일 뿐이지. 그러니 천동설도 지동설도 모두 나름대로 천체를 설명하

01 천동설과 지동설 :

옛날 사람들은 지구가 자전하는 것이 아니라 하늘(천구)이 회전한다고 생각했어. 태양을 비롯한 별들이 지구를 중심으로 돈다는 우주관을 천동설이라고 해. 그러나 6세기에 이르러 코페르니쿠스는 지구도 움직일 수 있다는 가정 아래 별의 움직임을 관찰하였고, 이러한 가정이 별의 움직임을 더 잘 설명한다는 것을 알아냈지. 그리하여 코페르니쿠스는 지구 중심설이 아닌 태양 중심설, 즉 지구를 포함한 행성들은 태양을 중심으로 공전한다는 지동설을 주장하게 되었지. 이러한 지동설은 갈릴레오 갈릴레이의 망원경을 이용한 정확한 관측을 통해 입증되었으며, 이후 케플러와 뉴턴 같은 학자들이 천체 관측 자료를 바탕으로 별의 연주 시차, 금성의 모양 변화 등 천동설로는 설명할 수 없었던 현상들을 지동설로 설명해 내면서 지동설이 옳다는 것이 증명되었다고 해.

는 서로 다른 방식이라고 할 수 있어.

근데 왜 사람들은 천동설은 틀리고 지동설은 맞다고 할까? 아마 관측된 별들의 움직임들이 지동설을 뒷받침하기에 더 적절한 것들이 많았다고 할 수 있겠지. 즉 별들이 움직이고 있는 것, 그 자체는 우리 머릿속에 있는 것은 아닐거야. 그러니까 **천동설이건 지동설이건 간에 사물에게서 발견되는 진짜 모습을 통해 천체를 구성해서 이해하게 된 것이지. 결국 사물 자체가 갖는 진짜 모습과 우리 머릿속에 있는 진짜 모습들이 서로 엉켜있는 것만은 분명한 것 같아.**

02 | 아니 어떻게 알았지?

금도끼와 은도끼 * 호랑이와 곶감 * 임금님 귀는 당나귀 귀

참과 거짓 사이

이쯤에서 이런 물음이 나와야 하는데? 도대체 이런 이야기를 왜 해야 하냐고! 그냥 눈에 보이는 그대로 참이라고 믿고 살면 안 되냐고! 도대체 이런 말도 안 되는 것 같은 복잡한 이야기를 무엇 때문에 알아야 하냐고!

근데 그게 그렇게 쉬운 이야기가 아니야. **어느 것이 진짜로 있는 것인지를 아는 것은 바로 우리가 이야기하는 것이 참인지 거짓인지를 알게 해주는 중요한 기준점이 되거든.** 물론 눈앞에 보이는 것들을 진짜 있는 것만으로 생각한다면 참과 거짓을 구분하는 것도 사실 참 쉬워요. 그런데 그것만이 진짜로 있는 것의 전부가 아니라는데 문제가

있는 것이지.

자 그럼 어디 한 번 이야기해보자. 도대체 참은 무엇이고 거짓은 무엇인지. 너희들 읽어봤지? 〈임금님 귀는 당나귀 귀〉라는 동화 말이야. 어때? 정말로 그 동화에 나오는 임금님 귀는 당나귀 귀 맞아?

어? '맞아?' 좀 말장난 같지만 '맞다'라는 말이 무슨 뜻일까? '이것과 저것이 서로 같은 것이다.'란 뜻 아닐까? 그러면 도대체 무엇과 무엇이 서로 같은 것이어야 '맞는 것'일까? **하나는 진짜로 있는 것이어야 하고, 다른 하나는 우리의 말이라고 할 수 있어. 그러니까 말과 사실이 서로 같은 것이면 그 말은 참이 되는 것이지.**

어? 또 이상하지? '임금님 귀는 당나귀 귀 맞아?'라고 물어 놓고선 그 말이 참이 된다고? 그래 사실, 참과 거짓은 단지 그러한 일이 진짜로 있었는지에 대한 것이라기보다는 어떤 것에 대해 우리가 말한 것의 진위를 묻는 것이야. '임금님 귀가 진짜로 당나귀 귀일까?'라고 묻는 물음은 사실은 '임금님 귀는 당나귀 귀'라고 대나무 숲에서 외친 그 외침과 맞아 떨어지는 사실이 있는가를 묻는 것이지.

어때 정리가 좀 돼? 그러니까. '진짜로 임금님 귀가 당나귀 귀야?'라는 물음과 '저 사람이 그렇게 이야기한 것은 참이야?'라는 물음은 같은 뜻이라는 거야. 잘 알아두는 게 좋을 거야. 사실 그런 문장을 두고 우리는 명제라는 단어로 표현하고는 해. 그러니까 참과 거짓을 구분할 수 있는 문장을 명제라고 사용하는 것이지. 앞으로 내가 명제라는 말을 쓰면 '아! 그거 참 거짓을 구분할 수 있는 문장!'이라고 잊지 말아줬으면 좋겠어.

그러면 이제 진짜 고민을 할 때가 되었네. 어떤 명제가 참이라면 진짜로 있는 것과 맞아 떨어져야만 하해. 그런데 우리가 지금 이야기하고 있는 '당나귀 귀를 가진 임금님'에 관한 이야기는 앞서서 우리가 이야기했던 것 중에서 우리의 생각과는 상관없이 있는 것에 해당하는 것이라 할 수 있지. 그런데 참으로 있는 것이 하나 더 있었지? 그래 우리 머릿속에 있는 것 말이야. 우리가 있다고 생각하는 것이 어쩌면 더 진짜로 있는 것이라는 거, 기억하고 있지? 그것도 참으로 있는 것 중 하나라고.

우리가 때로 '참말이야!'라고 힘주어 말하는 것 중에는 그러한 말, 즉 명제에 해당하는 사실들이 우리가 눈앞에 볼 수 있는 어떤 형태로 있는 것이 아닌 경우가 많아. 그것들은 때로는 있는 것이기보다는 있다고 생각되는, 아니 있어야만 한다고 믿고 있는 경우가 많지. 예를 들어 너희가 누구한테 사랑을 고백한다고 생각해 볼까? 그럼 그 사랑한다는 고백이 참이라는 것을 어떻게 납득시킬 수 있을까?

앞에서 이야기한 대로라면 '당신을 사랑합니다'라는 말이 지칭하는 어떤 사실이 있어야 하는데, 그게 '당나귀 귀를 가진 임금님'처럼 눈으로 확인하기가 참 애매하다는 거지. 너희들 '떡 하나 주면 안 잡아먹지!' 잘 알지? 엄마가 시장에서 열심히 품을 팔고 떡판을 하나 받아서 집으로 돌아오는데 갑자기 호랑이가 외치던 말! 어때, 그 말은 참일까? 아직 벌어지지도 않은 일인데, 그 말이 참인지 거짓인지를 알아보는 것은 결국 호랑이 마음속에 그러한 말을 진짜로 실천하겠다는 생각이 있는지에 따라 결정되는 것이지.

그래서 **우리가 어떤 것에 대한 참과 거짓을 판단하려고 할 때, 명제에 상응하는 것이 우리가 눈으로 볼 수 있는 어떤 것에 관한 것인지, 아니면 우리 머릿속에서 생각하고 있는 어떤 것인지를 살펴볼 필요가 있어. 가서 눈으로 확인해 보면 될 일을 앉아서 생각만 하는 사람도 바보겠지만, 생각이 필요한 사항을 굳이 발로 뛰어다니면서 헛땀을 흘리게 되는 것도 좀 그렇지 않겠어?** 〈파랑새〉 이야기에 나오는 주인공이 '파랑새'를 찾아다니던 장면들 기억나니? 그 친구가 찾아다니던 파랑새는 결국 진짜로 눈으로 확인할 수 있는 것이라기보다는 그것이 무엇인지를 곰곰이 생각하는 게 먼저였을 거야. 만약 그 생각을 치밀하게 했다면 구태여 그리 많은 곳을 여행하지 않았어도 되지 않았을까?

거짓말 좀 눈감아 주면 어때?

그런데 도대체 이런 참과 거짓을 구분하는 게 도대체 왜 중요할까? 그냥 안 따지고 살면 안 되는 걸까? 이런 거 따지려고 했더니 벌써 너희들 따분해 하잖아. 그런데 이런 건 정말로 잘 따지고 살아야 한다는 거, 잊지 말았으면 좋겠어. 왜냐고? 그건 **우리가 참과 거짓에 대한 판단을 잘 내려야 올바른 행동을 선택할 수 있게 되거든.**

참과 거짓에 대한 판단이 잘못되면 다소 우스꽝스러운 일이 벌어지기도 해. 〈호랑이와 곶감〉에 관한 이야기를 한 번 볼까? 밤낮을 울던 아이에게 할머니가 곶감을 준다고 했더니 울음을 뚝 그치는 것을 보고, 호랑이는 다음과 같이 생각을 하게 되지. '내가 제일 무서운 줄 알았는데, 나보다 더 무서운 곶감이란 것이 있구나.'

호랑이가 '곶감은 나보다 무서운 것이다.'란 명제를 참이라고 믿은 것은 실제로 벌어진 사실과는 큰 상관이 없어. 단지 그러한 스스로의 생각을 주어진 상황 속에서 대충 맞춰본 것에 지나지 않았던 것이야. 그러니 호랑이는 감히 집 안으로 들어갈 생각도 못하고 줄행랑을 치게 된 거지.

반면 깊은 산에서 나무를 하다가 도끼를 물에 빠뜨려 놓고는 갑자기 큰 횡재를 하게 된 나무꾼은 어때? 나무꾼은 산신령이 묻는 질문에 맞다거나 다르다는 판단을 정확히 했었기 때문에 금도끼와 은도끼 모두를 갖게 된 게 아닐까? 만약 자신이 사용하던 도끼의 모양새를 정확히 알고 있지 못했다면, 그리고 그러한 도끼의 특징을 정확하게 몰랐다면 나무꾼은 자신의 도끼마저 잃어버리고 말았을 거야.

<늑대와 일곱 마리 아기 염소>에 관한 이야기도 그래. 아기 염소들이 자기 엄마의 목소리나 발의 모양새 등을 정확하게 알고 있지 않았더라면, 이야기는 정말로 허망하게 끝이 났을 거야. 늑대에게 모두 잡혀먹는 것으로 말이야.

많은 사람들이 <금도끼와 은도끼> 이야기에 나오는 나쁜 나무꾼이나 '늑대와 아기 염소들'에 관한 이야기에 등장하는 늑대와 같이 참말을 이야기하지는 않아. 그러고는 이렇게 이야기하지. '거짓말 좀 하면 어때?!'라고.

그리고 실제로 많은 사람들이 거짓말을 하고 살기도 해. 좋은 의도건 나쁜 의도건 간에. 그리고 어떤 사람들은 이렇게 이야기하지. 좋은 의도를 갖고 하는 거짓말은 용납해 주는 것이 좋다고. 이에 관한 이야기는 나중에 더 자세하게 해보도록 할 건데, 정말로 그렇다고 생각해 보자고. 누군가의 목숨을 살리기 위해서 숨어 있는 사람을 못 봤다고 거짓말을 하는 상황 정도는 상식적으로 당연히 그래야 한다고 볼 수 있으니까.

하지만 그 거짓말을 듣는 사람의 입장에서 보면, 사실 크게 두 가지 입장으로 나누어 볼 수 있을 것 같아. 하나는 거짓인 줄 알면서 속아 넘어가 주는 것, 그리고 다른 하나는 정말로 그것을 참이라고 알고 지나쳐 버리는 것. 전자와 후자는 큰 차이가 있을 거야. 전자는 질문을 한 사람으로서 상대를 배려하는 마음을 칭찬받아 마땅한 경우이지만, 후자의 경우에는 나중에 그 사람이 한 말이 거짓이라는 것을 알게 되면 엄청나게 화가 날법한 경우라고 할 수 있지.

하지만 좋은 의도로 거짓말을 하는 경우를 용납할 수 있다고 본다면, 사실 속은 것은 정작 자신에게 화를 내야하는 것이 맞을 거야. 안 그렇겠어? 아니 선의의 거짓말도 용납할 수 없다고 주장하는 사람일지라도 속아 넘어가는 사람에게 아무런 책임이 없다고 말하는 것은 잘못이라는 것이지. 왜냐하면, 그런 상대의 주장이 참인지 거짓인지를 확인하지 않고 있는 그대로 믿는 것도 책임이 없다고 말하긴 어려워. <별주부전>에서 토끼에게 농락당한 용궁의 모든 동물들이 바보 같다고 느끼는 것도 이러한 이유 때문이지.

어때, 이제 참과 거짓을 구분하는 것이 얼마나 중요한 것이지 알겠어? 물론 상대와 자신의 관계가 그런 확인이 필요하지 않은 경우도 있어. 상대가 자신과 아주 밀접한 관계에 있는 경우라면 굳이 그 사람의 말이 참인지 거짓인지 따로 확인할 필요가 없기도 하지.

그런데 이런 경우도 있어. 상대가 특정 분야에 매우 권위 있는, 그러니까 그 사람이 매우 탁월한 능력을 인정받은 사람이라면 그 사람이 말하는 것은 굳이 의심할 필요가 없다고 생각하기도 해. 뭐 예를 들어 지구과학 선생님께서 지구의 구조에 대해, 혹은 별자리에 대해 이야기하는 것을 '따로 의심할 필요가 있겠어?'라고 믿어버리는 것이지. 그렇지, 선생님 말씀을 믿지 않으면 누구 말을 믿겠어? 근데 사실 이런 자세 역시 우리가 제대로 공부하는 데에 큰 도움을 주지 못해. 선생님께서 말씀하시는 걸 다 의심하라는 것이 아니고, 정말 믿을만한 내용이 무엇인지, 또 그 말씀의 진짜 의미를 확인하고, 혹은 정말로 천체를 관찰하면서 확인하는 작업이야말로 진짜공부라고 할 수 있으니까.

이 역시 결국은 참과 거짓을 구분하려는 기본적인 자세와 다르지 **않지? 그러니까 중요한 거야. 자신이 책임질 일에 대해 꼼꼼하게 따지는 것, 그리고 정말로 중요한 앎에 대한 확신을 갖기 위해 꼼꼼하게 따지는 것 말이야.** 알았지?

03 | 알지만 하지 않아도 된다고?

피노키오 * 아기돼지 삼형제 * 잭과 콩나무 * 허클베리핀의 모험

아는 것과 행동하는 건 다른 거야?

앎이라는 것에 대해 좀 더 이야기해볼까? 앎이라는 것은 어떤 명제, 또는 명제들을 사실이라고 받아들인 것, 혹은 그렇게 받아들인 것들 전체를 가리킨다고 할 수 있어.

그러면 **안다는 것과 행동하는 것에는 어떤 관계가 있을까? 아무런 관계가 없을까? 그러니까 아는 것과 행동하는 건 별개인 것으로 이해할 수도 있는 걸까?** 실제로 많은 것들은 알아도 행동하지 않는 경우, 또는 몰라도 하게 되는 경우 등 앎과 행동을 완전히 별개로 간주해도 좋은 것처럼 보이기도 해.

〈피노키오〉이야기를 보면, 피노키오는 분명 '거짓말을 해서는 안된다'는 것을 매우 잘 알고 있었음에도 불구하고 끊임없이 거짓말을 일삼지. 그러니까 피노키오는 아는 것과는 정반대로 행동한다고 할 수 있어. 이런 것을 보면 아는 것과 행동하는 것은 전혀 별개로 보이기도 해.

하지만 전혀 별개라고 말하기는 좀 애매해. 왜냐하면 피노키오가 거짓말을 했다는 것은 어떻게든 자신이 알고 있는 것을 바탕으로 하기 때문이야. 그러니까. 만약 정말로 아무것도 모른다면 자신이 하는 말이 거짓말인지도 몰랐을 테니까. 자신의 말이 거짓말이라는 것을 알았다는 것 역시 자신이 참이라고 알고 있는 것과 관련이 될 수밖에 없는 것이지.

또 하나 이런 경우도 가능해. 누군가가 어떤 행동을 했다고 할 때, 그것이 아무런 앎과 무관한 것이라고 할 수 있을까?

〈잭과 콩나무〉에 나오는 잭이나 〈허클베리핀의 모험〉에 등장하는 허클베리핀은 모험을 매우 좋아하는 아이들이야. 그들의 모험은 앞으로 벌어질 일에 대한 무모한 선택이라고 할 수 있을 만큼 현재의 앎과 큰 상관이 없는 것처럼 보이기도 해. 하지만 정말로 그들이 과감히 눈앞에 펼쳐진 상황에 대해 어떤 일이 벌어질지 모르고서 무작정 뛰어든 것이라고 할 수 있을까? 잭이 콩나무에 오른 것은 궁금증 때문이기도 하지만, 사실 자기 눈앞에 펼쳐진 저 콩나무 위에 올라가면 어떤 것이 있을 것이라는 짐작을 바탕으로 한 것이기도 하지. 허클베리핀도 마찬가지야. 자신이 생각하는 앞으로 벌어질 일에 대한 짐작을 바탕으로 한 것이지. 물론 그 짐작이 어떤 분명한 앎을 이야기하는 것은 아니지만, 그렇다고 앎과 전혀 무관한 것이라고 볼 수도 없지.

심지어는 우리의 본능적 행동조차도 앎과 무관하다고 말하기 곤란한 경우도 있어. 우리가 밥을 먹거나 화장실에서 소변을 볼 때조차, 그러니까 본능에 따른 행동조차 그것이 어떤 의미인지 모르고 행동하는 것일까? 실제로 답이 그리 간단하진 않지만 많은 사람들은 그렇지 않다고 이야기하고 있어. 즉 앎이라는 것 없이 이루어지는 행동은 없다는 것이지.

그러니까. 우리가 앎이라고 하는 것은 어떤 식으로든 행동과 연관되어 있다는 것이야. 다만 앎이라고 하는 것을 어떤 행동을 야기할 수 있는 힘을 지닌 것으로 간주할 것이냐, 아니면 앎은 앎이고 행동은 전혀 다른 이유나 원인 때문에 발생하는 것으로 볼 것이냐의 문제는 있어. 그리고 일반적인 상식선에서는 앎은 아무런 힘이 없는 것으로, 그러니까 앎이라고 하는 것과 행동은 전혀 별개의 것이라고 이해하는 것이지.

행동하지 않으면 아는 게 아니라고?

하지만 정말로 그럴까? **만약 어떤 것이 구체적인 실천으로 드러나지 않는다면, 그 사람은 정말로 그것을 '제대로' 안다고 할 수 있을까?** 물론 너희 중에 누군가는 만유인력이나 1+1=2와 같은 과학적, 혹은 수학적 명제들은 구체적인 실천과 무관한 것이라고 생각할 수도 있을 거야.

하지만 앎에는 그런 것만 있는 것은 아니지. '부모님을 공경해야 한다'거나 '약속을 지켜야 한다' 등과 같은 규칙이나 규범과 같이 우리의 행동을 직접 지시하는 명제도 있지. 그런데 그런 명제들에 대해 만약 어떤 사람이 '부모님을 공경해야 한다'는 명제는 잘 알지만, 집에서 부모님을 전혀 공경할 줄 모른다면, 그 사람은 부모님 공경에 대한 내용을 정말로 아는 것이라고 할 수 있을까?

너희들 〈아기 돼지 삼형제〉 이야기 잘 알지? 그 이야기에서 세 형제가 집이 무엇인지를 모르고 있었을까? 집이라는 것이 어떤 것인지에 대해서 그 돼지들이 모두 모른다고 단언하기는 어려웠을 법해. 왜냐하면 셋 다 집을 만들긴 만들었거든. 큰 형 돼지는 짚으로 만들고, 작은 형 돼지는 나무로, 그리고 막내 돼지는 벽돌로 만들었다는 차이가 있을 뿐이지. 그걸 단지 게을렀기 때문이라고 단정 짓기보다는 조금 다른 각도에서 이해해보자고.

형제들은 집에 대해 동일하게 이해하고 있었던 것으로 보여. 집은 안전하게 나를 보호해 줄 수 있어야 하는 것이라고 말이야. 하지만 세 형제가 만든 집이 달랐다는 것은 집에 대한 이해를 누가 정확하게 하고 있는지를 매우 분명하게 보여주고 있어. 첫째 돼지나 둘째 돼지가 집을 제대로 이해했다고 말하기 어려운 것은 그들이 만든 집의 허름함 때문이라고 할 수 있지 않을까?

그러니까, 앎이라고 하는 것이 구체적인 실천이나 모습으로 드러나지 않는다면 그 깊이를 알 수 없는 것이 된다는 주장이 매우 힘을 얻을 수 있다는 거야. 너희들 젓가락질 배워봤지? 아마 머릿속에서는 젓가락질을 어떻게 하는 지 분명히 '알았다'고 생각했겠지만 실제로 그 젓가락질이 제대로 되기란 쉽지 않잖아. 이런 경험은 수영을 배우거나 자전거를 배울 때도 마찬가지였을 테고.

단지 머리로 아는 것을 정말로 안다고 말하려면, 젓가락질을 어떻게 하는지 설명을 들었을 때, 자전거 타는 법이나 수영하는 법에 대한 수업을 들었을 때 확실하게 알았다고 말할 수 있지. 하지만 거꾸로 그런 수업을 단지 듣기만 했다고 해서, 우리가 그에 대한 내용을 다른 사람에게 가르쳐줄 수는 없지. 누군가에게 가르쳐 주지 못하거나 설명하지 못한다면 그것을 제대로 아는 것이라고 말할 수 없는 것 아니겠어?

'앎'이라는 것에는 이렇게 깊이가 다를 수 있다는 거. 그리고 앎 중에서 가장 깊이 있는 '앎'은 구체적인 행동이나 실천을 동반하는 경우라고 보는 입장도 있는 것이지.

이런 입장은 심지어는 과학적인 것이나 수학적인 앎조차도 실천과 무관한 것이라고 생각하지 않아. 너희들 과학문제나 수학문제 풀어봤지? 분명히 교과서를 놓고 내용을 공부할 때는 분명히 다 알았다고 생각했었는데, 문제를 풀 때는 몇 개씩 꼬박꼬박 틀리던 경험이 있었을 거야. 이건 뒤집어서 말하면, 내가 교과서를 놓고 공부한 것은 결국 충분한 앎에 이르지 못했다는 것이지. 한 가지 더 말해줄까? 내가 선생님이 돼서 그 내용들을 학생들에게 설명하려다 보니까, 그리고 그런 문제들을 만들어 보려고 했더니 훨씬 더 많은 내용을 알게 되었다는 거야.

그래서 옛 어른들이 그렇게 말씀하셨나봐. **아는 만큼 보이는 것이며, 알면 알수록 더 많이 공부할 게 생긴다고.** 왜냐고? 알면 알수록, 자신이 얼마나 모르고 있는지가 자꾸 드러나게 되거든.

하고싶은거?
해야하는거?

생각해보자 ◇◇◇◇◇◇◇◇◇◇◇◇◇◇◇◇

의사는 사람의 생명을 살리는 직업이라고 할 수 있지. 근데 다음과 같은 상황일 때 의사들은 어떤 선택을 해야 할까? 응급실에 매우 급한 환자 한 명이 실려 온거야. 그는 어린아이 납치범으로, 경찰에게 쫓기다 낭떠러지에서 굴러서 급히 수술을 받아야만 생명을 유지할 수 있는 그런 환자였어. 그러니까 납치한 아이를 살리기 위해서라도 수술은 반드시 성공해야만 한다고 할 수 있지. 그런데 바로 이어서 환자가 하나 더 들어오네? 그게 누구냐고? 그 범인을 쫓던 경찰. 범인이 휘두른 칼에 급소를 찔려서, 많은 피를 흘리고 혼수상태에 빠져버린 경찰이야.

병원에는 한 사람만 살릴 수 있는 분량의 혈액만 있고, 다른 곳에서 혈액이 도착하기를 기다릴 만큼 시간이 충분하지도 않아. 만약 너희가 그 상황에 있다면 누구를 수술대에 올릴 거야? 어떤 이유에서 그런지 한 번 생각해 볼래?

01 | 훌륭한 사람이 되어야 한다고?

은혜 갚은 까치 * 자린고비 이야기

왜 꼭 그래야하지?

앞 장에서 앎에 관해 이야기하느라고 머리가 좀 아팠지? 자 그러면 우리 조금은 더 친숙한 이야기를 해볼까? 우선 너희들 하루의 일과를 한 번 살펴볼까? 어떤 사람들은 아침에 눈 뜨고 이불 속에서 뭉개기 신공을 펼쳤겠지? 그리고 터질듯한 방광 때문에 어쩔 수 없이 일어나서는 무겁디무거운 몸을 이끌고 겨우겨우 볼일을 보았겠지? 세안 후, 갑자기 든 정신에 허겁지겁 밥을 먹고, 교복을 입는 둥 마는 둥 하고는 학교로 출발, 뭐 대충 아침 시간은 이렇게 흘렀을 거야. 물론 어떤 사람은 매일을 한 날처럼 같은 시간에 눈을 뜨고, 정확한 시간에 현관문을 나서기까지 매우 규칙적인 생활을 기꺼이 하는 사람도 있을 거고. 이렇게 우리는 참 여러 가지 모습으로 하루를 시작하고 또 하루를 끝내지.

아주 극단적인 풍경을 그려놓긴 했어도 자신의 모습이 어느 한 쪽과 더 닮았다는 생각이 들거야. 근데 이런 다른 모습 때문에 서로가 갈등을 빚기도 해. 인간미가 떨어진다고 비난을 하거나, 게으름뱅이로 낙인을 찍기도 하지. 물론 그냥 서로의 모습을 있는 그대로 인정하고 너는 너대로 나는 나대로 살면 부딪힐 일도 없을 텐데, 항상 집에서 아침마다 전쟁이 벌어지는 건 그러기가 쉽지 않다는 걸 반증하는 것이겠지?

우리는 이렇게 남과 함께 살 때면 항상 서로의 삶의 태도나 행동과 관련하여 다양한 갈등을 빚고 살고는 해. 그리고 그 이면에는 늘 다음과 같은 질문이 도사리고 있지.

'왜 꼭 그래야 하지?'

사실 이러한 윤리적 물음은 모든 이야기 속에, 아니 인간과 관련된 모든 행동에 항상 관련되어 있어. 단순한 삶의 태도를 갖고는 뭐 이런저런 모습이 다 인정될 수 있으니 조금은 더 확실한 이야기로 넘어가 볼까? 너희들 <은혜 갚은 까치> 이야기 알지? 구렁이가 호시탐탐 노리는 둥지에서 새끼 까치들을 구했더니, 어미 까치들이 종일 죽음을 마다하지 않고 머리로 들이 받아가며 울려놓고는 은혜를 기어이 갚았다는 이야기 말이야. 동화를 읽고는 어떤 생각들을 했었을까? 까치가 참으로 훌륭하구나! 이렇게 감탄한 사람도 있었을 테고, 어떤 사람은 새끼들을 살려준 대가치고는 지나치다고 생각할 수도 있었겠지? 하지만 누구를 막론하고 '은혜는 갚아야 한다!'는 것에 대해서 이러쿵저러쿵 이의를 제기하면서 본 사람은 없었을 거야.

그런데 이 이야기 속에서 까치의 행동과 관련해서는 크게 두 가지 질문을 할 수 있을 거야. 하나는 '은혜는 갚아야만 하는 것일까?'라는 물음이고, 다른 하나는 '갚아야 한다고 하더라도 그 방법으로 까치가 자신의 목숨을 버린 것은 올바른 것인가?'라는 것이지. 앞의 것은 우리가 마땅히 따라야 할 규칙이 있는가를 묻는 것이고, 뒤의 것은 만약 그런 규칙이 있다면 과연 어떻게 그러한 규칙을 따를 수 있는가 하는 한계, 혹은 범위에 대한 것이라고 할 수 있어.

우선 앞의 것부터 살펴볼까? 정말로 우리는 까치와 마찬가지로 은혜를 갚아야만 하는 것일까? 그리고 만약 그래야만 한다면 어떤 이유로 우리는 그래야만 하지?

그랬었으니까!

이런 물음에 대해서 가장 쉬운 대답은 '부모님이 말씀하셔서', 혹은 '학교에서 그렇게 배워서', 또는 '내가 존경하는 누군가가 그런 행동을 하였기 때문에' 등등일 거야. '뭐 그분들 말씀 들어서 손해 보는 것은 없잖아?' 어릴 때부터 막연하게 따랐던 것은 그런 생각이 강했기 때문이 아닐까? 하지만 그런 분들의 말씀을 따라야 한다는 것 역시 따지고 보면 별 생각 없는 답이라고 할 수 있어. 어릴 때 막연하게 엄빠의 권위에 맹목적으로 따르던 그 습관 그대로 우리의 생활 습관이 굳어져 버린 것이겠지. 학교에서 학습한 것도 마찬가지야. 사실 초등학교 1학년 코찔찔 흘리고 들어간 학교에서 선생님이라는 존재는 정말로 하늘과 같은 대상이겠지. 그리고 그분의 말씀에 따라 매 시간 훈육을 받고, 또 그 말씀에 따라 사는 것은 모든 학생들에게 제대로 생활하는 것이라고 느끼기 충분한 것이었을 거야.

그런데 그렇게 **우리로 하여금 그와 같은 태도를 당연한 것으로 가르치고 또 각인되도록 반복적으로 학습하는 것은 우리 사회에서 암묵적으로 그것이 훌륭한 태도라는 것을 인정하고 있는 것이라** 할 수 있지. 여전히 비판적이거나 반성적으로 생각하는 힘을 갖기 이전의 어린 학생들일수록 그러한 기본적 태도가 몸과 마음에 스며들 수 있도록 교육하는 것이 또한 중요하다고 생각하기 때문이기도 하고.

사실 이렇게 선생님이나 학교에서 요구하는 훌륭한 태도들을 강조하는 것은 대체로 우리 사회에서 훌륭한 인품을 보였다고 평가받는 사람들의 모습을 본받으라고 하는 것이라고 할 수 있어. '은혜는 갚아야 한다'는 것은 '은혜를 갚은 사람들은 우리 사회에서 훌륭한 인품을 지닌 사람들이 갖는 공통적 성품이다'와 같은 뜻이 되는 것이겠지.

사실 **정당한 행동의 근거를 훌륭한 분들의 성품에서 찾고자 하는 사람들은 우리가 지금 묻고 있는 '왜 그렇게 행동해야 하지?'라는 질문보다는 '어떤 사람이 되어야 하지?'라는 질문에 대한 대답을 구하려고 하지.** 이런 물음을 묻는 사람들은 꼭 그래야만 하는 어떤 행동의 합당한 이유를 묻기보다는 우리 사회에서 훌륭한 사람으로 성장하는 것이 더 중요한 것이야.

바른 행위와 올바른 성품

뭐가 다르냐고? **행위 자체의 옳고 그름을 따지는 건 마땅한 행위를 하지 않았을 경우 비난을 감수하거나 칭찬을 받겠지만, 훌륭한 성품을 위해 어떤 행동이나 덕목을 요구하는 사람들은 어떤 행동을 하**

지 않았다고 곧바로 비난을 하기 보다는 사회에서 보다 많은 학습과 훈련을 통해 성숙해가야 할 존재로 보게 된다는 점에서 차이가 있지.

여전히 둘의 차이가 분명하진 않겠지? 그럼 〈자린고비 이야기〉를 살짝 엿보도록 하자고. 너희들 〈자린고비 이야기〉는 잘 알지? 밥상에서 생선이 없어지는 것조차 아까워서 천정에 달아놓고 밥 한 숟가락에 두 번 쳐다보면 짜니까 한 번만 쳐다보도록 했다는 지독한 구두쇠의 전형적인 이야기 말이야.

자린고비의 선택은 비난받아 마땅하지. 먹을 것을 가지고 장난을 쳐도 유분수지 그 맛난 조기를 먹지도 못하게 하고 말이야. 즉 그가 한 행위 자체를 가지고도 자린고비는 매우 올바르지 않은 행동을 한 것이야. 그런데 너희들 어때? 그런 사람하고 가깝게 지낼 수 있겠어? 뭐 모든 사람이 다 그렇지는 않겠지만 그렇다고 많은 사람이 곁에 둘 만한 사람은 아닐 거야. 이런 행동과 그 사람의 인품은 다르지. 물론 이런 조합도 가능해. 개별적인 선택은 별로 문제가 되거나 흠잡을 것이 없지만 그렇다고 훌륭한 사람이라고 할 수는 없는 그런 부류의 사람. 예를 들어서 이기적인 사람을 생각해볼 수 있을 거야. 그 사람은 자신에게 이익이 되는 것에만 관심을 가질 뿐 다른 어떤 것에도 관심이 없는 사람일거야. 물론 그런 사람은 다른 어느 누구에게도, 아니 심지어는 본인에게조차 아무런 해를 입힐만한 행동을 하지 않으려고 할 거야. 왜냐하면 그렇게 하는 것은 결국 자기에게 이익을 가져다줄 수 없을 테니까. 하지만 그가 다른 사람들과 훌륭한 인간관계를 가지기는 쉽지 않겠지?

그래 이제 구분을 좀 할 수 있겠어? 행위 자체에 대한 올바름을 따지는 것과 훌륭한 성품을 강조하는 것의 차이에 대해서. 우리는 지금까지 올바른 행위에 관한 물음에서 시작은 했으나, 대부분 우리가 선택하는 것들, 혹은 교육받는 것들은 대체로 행위 자체에 관한 것이라기보다는 훌륭한 사람이나 성품과 관련 있다고 하는 것이었어. 물론 이러한 이야기는 매우 설득력이 있지. 우리가 이순신 장군을 본받는다거나, 혹은 김구 선생님의 인품을 보고 배우고 그렇게 살려고 노력한다는 것은 적어도 우리 대한민국이라는 사회에서는 나름대로 굉장히 큰 의미가 있을 거야.

하지만 이렇게 훌륭한 성품에 대해 강조함으로써 행위의 정당성을 마련하려는 시도는 몇 가지 점에서 한계가 있어. 우선 우리가 본받아야 한다고 하는 사람이 지구상의 다른 곳에서도 마찬가지로 훌륭한 사람일 필요는 없다는 것이지. 알렉산더 대왕이나 칭기즈칸은 로마제국이나 몽고인들에게는 영웅이겠지만 이들에게 침략을 당한 민족들에게는 영웅이라기보다는 원수로 볼 수도 있어. 한 사회에서의 훌륭한 성품을 지닌 사람이 곧 모든 사회에서 동일한 평가를 받기란 쉽지 않지.

그리고 보다 근본적인 문제는 우리가 처음에 물었던 물음, 즉 '우리는 왜 그렇게 해야만 하는가?'라는 물음에 답을 내리지 못하고 있다는 것이야. 훌륭한 인품으로 성장하는 과정에 더 큰 관심을 갖고 있으며, 이웃이나 타인과의 보다 긍정적인 관계맺음에 더 큰 관심을 기울이기는 해도 '다른 사람을 해쳐서는 안 된다'거나 '거짓말을 해서는 안 된다'와 같은 규범들에 대한 물음은 여전히 답하기 어려운 것으로 남겨두고 있다는 것이지.

그리고 우리가 〈은혜 갚은 까치들〉의 이야기를 하면서 생각해 봐야한다고 했던 두 번째 물음, 즉 은혜를 갚아야 한다고 해도 과연 어떤 방법으로 갚아야 정상적인 것인가에 대한 물음 역시 품성을 강조하는 입장에서는 답하기가 매우 어려운 것도 사실이야. 그래서 우리 이야기는 다시 원점이야. 까치가 은혜를 갚은 것은 정말로 칭찬받아 마땅한 것일까? 질문을 좀 더 정확하게 바꿔볼까? 까치가 은혜를 갚기 위해 한 행동은 정말로 칭찬받아 마땅한 것일까?

02 | 당연히 그래야 하니까!

피노키오 * 금도끼와 은도끼

이 물음, 즉 **행동 자체에 대한 정당성에 관한 물음과 관련하여 우리가 내릴 수 있는 답은 크게 두 가지란다. 하나는 '그게 당연한 거니까!' 이고, 다른 하나는 '그게 좋으니까!' 이지.** 뭐 어떤 방식으로 답하건 행동 자체에 대한 평가는 앞에서 이야기한 둘 중 하나와 관련이 되는 거란다. 음 누군가가 '괜히', '아무 이유 없이'라고 답할 수도 있겠지?

그런데 이건 그러한 행동은 아무런 이유 없이 이루어진 거라고 답하는 것이나 마찬가지니까, 그리고 정당한 이유를 찾으려는 우리의 질문과는 무관한 거니까 고려의 대상이 아닌 걸로.^^

하나님이 내리는 명령

우선 앞의 답부터 살펴볼까?

'그게 당연한 거니까!'라는 답은 무슨 뜻일까? 이 말이 의미하는 것은 어딘가에는 도덕법칙이란 것이 있고, 그것은 명령과 같은 것이어서 우리가 그것을 따르는 것은 너무도 당연한 것이라는 의미이지. 그리고 그러한 명령을 따르는 대가가 어떤 것이든 반드시 이행해야만 하는 거라고 강조하기도 해. 이러한 입장에서는 —목숨을 버려가면서까지 은 혜를 갚은 까치들이 칭찬받아 마땅한 것은— 그러한 당연하고도 마땅한 법칙을 따랐기 때문이라고 이해할 수 있을 거야.

마땅한 도덕법칙이 있어서 그것을 따르는 것만이 올바른 행동이고, 그렇지 않은 건 잘못된 행동이라는 주장—이를 우리는 의무론이라는 이름으로 불러—은 만약 모든 사람들이 추구할만한 도덕법칙이 어딘가 진짜로 있지 않다면 허공에 붕 떠 있는 입장이 되고 말지. 어디에도 없는 것을 있는 것으로 착각해서, 하기 싫은데도 불구하고 억지로 해야만 하는 것으로 강요하는 것일 수 있으니까. 괜한 스트레스만 받게 만드는 거거든.

이러한 도덕법칙은 어디에 있을까? 가장 익숙하게는 종교적 경전에서 그러한 법칙을 찾는 거야. 종교적 경전에 쓰여 있는 명령을 이행하는 것이야말로 그 종교를 가지고 있는 사람이 마땅히 따라야 한다고 주장하는 것이지. 그리고 이와 같이 종교적 존재를 상정해서 당연한 것을 제시하고 따를 경우 상을 주거나 그렇지 않을 경우 벌을 받는다는 이야기는 동화에도 아주 자주 등장하는 구조란다. 너희들 〈피노키오〉 이야기 알지? 그래그래 거짓말 하면 코가 길어지는 그 나무 인형 피노키오 말이야. 근데 피노키오가 어떻게 그런 '저주'를 갖게 되었는지도 기억해? 이야기에 요정이 하나 등장했었지? 그래 그 요정 역시 '거짓말을 해서는 안 된다'는 명령을 함으로써 피노키오가 당연하게 따르도록 요구하는 종교적인 존재라고 할 수 있어.

그런데 이처럼 인간에게 상이나 벌을 내릴만한 초월적 존재를 상정하고 그로부터 도덕법칙이 만들어졌다고 하는 입장은 약간의 문제가 있어. 전 세계의 사람들이 하나의 종교를 갖고 있다면 답은 오히려 쉬울 거 같은데, 실상은 그렇지 않기 때문이지. 그러면 그와 같은 법칙을 어디에서 찾을 수 있을까?

양심, 내면의 울림

이에 대한 또 다른 답은 양심이라는 것이겠지. 사람이라면 누구라도 갖고 있는 심리적 강박인 양심. 평상시에는 별로 의식하고 살지도 않지만 어떤 문제에 직면했을 때, 따르지 않으면 스트레스 팍 오게 만드는 양심. 뭐 어떤 사람들은 그러한 양심이 사회 속에서 교육받으면서 길러지는 것이라고 이야기하기도 하지만, 많은 사람은 양심이 태어날 때부터 인간의 내면에 함께 있는 것이라고 이해하고 있지. 정말로 이들의 생각대로 **양심이 우리 모두에게 있는 것이라면 그러한 양심이야말로 우리가 마땅히 따라야 할 도덕법칙이며 이를 따르는 것이 잘하는 것, 그렇지 않은 것은 못하는 것**이라고 할 수 있을 거야.

〈금도끼와 은도끼〉 이야기 잘 알지? 나무꾼이 벌을 받지 않기 위해 금도끼도 패스, 은도끼도 패스한 것은 아니잖아. 그냥 자신의 도끼가 아니라고 사실을 있는 그대로 말한 것 뿐이었잖아. 그리고 우리 중 어느 누구도 그것이 당연하지 않다고, 사람이라면 누구라도 처음부터 금도끼를 자신의 도끼라고 주장했어야 한다고 생각하는 사람이 얼마나 될까! 아마 다들 한 번쯤은 이렇게 생각했을 수는 있어. '나라면 처음부터 '그 도끼가 내 도끼요!'라고 답했을 텐데!'라고 말이야. 하지만 다시 생각해도 거짓을 말하는 것은 각자의 마음속에서 울리는 소리와는 다르지?

〈도둑을 감동시킨 선비〉에서도 양심이라는 것이 어떻게 작동하는지 잘 나와 있어. 돈을 넘치게 많이 갖고 있던 부자가 가난하지만 흐트러짐이 없는 선비의 집에서 반짝이는 솥을 훔쳐가지고 나오다가, 선비가 자신의 아내를 가르치는 소리를 듣고 즉시 자신의 잘못을 반성하게 된다는 것은 사실 매우 납득하기 어려운 구조야. 하지만 도둑질을 하다가 누군가의 가르침으로 개과천선하는 이야기는 〈레미제라블〉이라는 프랑스 소설에도 등장하지? 물론 이 소설에서는 그렇게 빠른 변화가 생기는 것은 아니지만 적어도 도둑질한 것에 대한 잘못을 인정하는 장면이 나온다는 점에서는 마찬가지라고 할 수 있지. 하지만 두 이야기에 등장하는 도둑들은 자신의 양심의 소리에 따라 잘못을 뉘우쳤다는 점에서 공통점을 가지고 있어.

어때? 꽤 설득력 있는 이야기지? 그런데 이렇게 양심을 강조하는 것도 문제가 있어. 이게 눈에 보이는 것도 아니고. 사실 양심이란 것이 아주 극단적인 사례, 예를 들어서 '사람을 죽여서는 안 된다', '도둑질해서는 안 된다', '자신이 하기 싫은 건 다른 사람에게 시켜서는 안 된다', 정도만 빼고는 모든 사회의 사람들이 공통으로 갖고 있는 것으로 이해하기가 쉽지 않다는 것이지. 뭐 어떤 사람들은 그러한 것들조차 양심이라고 하는 심리적 요소로 돌리는 것에 반대하기도 하지. 하지만 양심이 있다고 하더라도 매우 복잡하고 다양한 일들이 넘쳐나는 현대 사회에서 이런 몇몇 가지만을 놓고 그 구체적인 적용방법을 모두 양심에서부터 추론하려는 것은 많은 무리가 따르는 것도 사실이야.

03 | 그게 좋으니까!

효녀심청 * 벌거벗은 임금님

좋은 결과

우리가 어떤 행동을 할 때는 특별한 결과를 기대하고 하기도 하지. 그러니까 기대하는 결과가 그 사람에게 중요한 선택의 근거가 되기도 해. 어떤 행동을 해야만 하는 이유가 있다면, 그것은 그러한 행동을 했을 때가 그렇지 않을 때에 비해 더 좋은 결과를 만들어 내기 때문이라는 거야.

'심청이 이야기' 알지? 심청이가 자신을 어부들에게 쌀 삼백 석에 판 것은 아빠의 눈을 뜨게 해주기 위함이었지. 최종적으로 아빠가 눈을 뜨게 될 것인지 아닌지는 심청이한테는 그렇게 중요하지 않았어. 다만 아빠의 눈을 뜨게 해주겠다는 그 아름다운 마음만으로, 그리고 자신이 그러한 선택을 하면 아빠의 눈이 반드시 떠지게 될 것이라고 믿었을 뿐이지. 그렇게 해야만 했던 이유를 심청이에게 묻는다면, 자신이 기대하는 결과를 얻고자 한 것이라고 대답할 수밖에 없겠지. 그렇게 하는 것이 결국 '좋은 것이어서'라고 말이야.

그런데 만약 결과적으로 아빠가 눈을 뜨지 못했다면? 심청이는 여전히 효녀일 수 있을까? 부모님이 주신 목숨을 함부로 던져버린 것을, 잘한 행동이라고 인정해 줄 수 있을까? 이야기 속에서는 결국 심청이도 살고, 아빠도 심청이의 선택 때문에 눈을 뜨게 된 것으로 그려져 있으니까 심청이는 효녀가 된 것이지만, 만약에, 정말로 만약에, 심청이가 목숨을 잃어버린 채로, 아빠는 개명도 하지 못하는 결말이라면 우리는 아마 심청이의 죽음을 개죽음이라고 폄훼했을 확률이 높겠지.

〈임금님 귀는 당나귀 귀〉 이야기를 살펴볼까? 이 동화에서 임금님의 모자를 만드는 사람이 대나무 숲에 들어가서 임금님 귀가 당나귀 귀라고 외친 것도 임금님의 추상과 같은 엄명이 있었기 때문에 벌을 받지 않으려고 선택한 것이지. 심청이와 마찬가지로 자신이 기대하는 바 좋은 결과를 위해 선택한 것이라고 할 수 있어. 하지만 심청전과는 달리 〈임금님 귀는 당나귀 귀〉에서는 모자 만드는 사람의 기대와는 달리 자신이 한 행동으로 인해 임금은 임금대로 망신을 당하게 되고, 자신은 자신대로 벌을 받는 것으로 결론이 나지. 우리가 모자 만 드는 사람을 멍청하다고 비난하는 것도 그가 한 행동이 잘못이라고 하기 때문인데, 그 이면에는 그가 내린 선택의 결과가 재앙과 같은 수 준이 되었기 때문이지. 만약 그의 외침으로 인해 그가 전혀 의도하지 않았던 훌륭한 결과가 생겼다면 어쩌면 우리는 그를 멍청하다고 하지 않을 수도 있을 거야.

진짜로 좋은 거

근데 '좋은 결과'라고 하는 것은 아주 큰 맹점이 있어. 누구한테 좋은 게 진짜로 좋은 걸까? 만약 어느 한 사람에게는 좋은데 그것 때문에 다른 사람들이 큰 어려움에 빠지게 된다면, 그것도 좋은 것이라고 할 수 있을까? 그 반대로 다른 모든 사람에게는 좋을 수도 있지만, 그 것 때문에 누군가가 큰 손해를 감수해야 한다면? 사실 좋고 나쁨이란 것을 결정하는 것은 이렇게 좋은 결과를 판단할 때 얼마나 많은 사람을 고려하느냐에 따라 달라지곤 하지. 그래서 **공리주의**[02] **라고 하는 대표적인 철학사상은 개인적인 좋음과 사회의 전체 좋음이 조화롭게 되어야 한다고 주장하기는 했어.** 하지만 그게 사실 말은 쉬운데 실제로 일어나기란 그리 쉽지 않거든. 그리고 문제는 또 있어. 어느 시점에서 그것을 평가해야 하는지 결정을 내려야 하는데 그게 쉽지 않다는 것이지.

새옹지마塞翁之馬라는 사자성어가 있는데 이 사자성어는 다음과 같은 이야기를 배경으로 하고 있어. 변방에 살던 어떤 노인이 말을 기르고 있었대. 그런데 그 기르던 말이 도망가서 주변 사람들이 걱정을 했더니 그 말이 야생마들을 끌고 왔다네. 그래서 사람들이 또 좋겠다고 부러워했지. 그런데 노인의 아들이 그 야생마 중 하나를 타다가 떨어져서 다리를 다쳤지. 마을사람들이 이를 또 걱정했더니, 전쟁이 터져서 아들은 다친 다리 때문에 전쟁에 나가지 않게 되었다는 거야. 말이 도망갔던 것이나, 더 많은 말이 생긴 것이나, 아들이 다친 것이나, 전쟁에 나가지 않게 된 것이 각각 따로따로 보면 좋고 나쁨이 분명하긴 하지만, 사건들의 연쇄로 보면 좋다고, 혹은 나쁘다고 평가를 내리기가 참으로 어렵게 되지.

02 공리주의功利主儀 :

19세기 중반 영국에서 나타난 사회 사상으로 가치 판단의 기준을 효용과 행복의 증진에 두어 '최대 다수의 최대 행복'의 실현을 윤리적 행위의 목적으로 삼았어.

사실 좋은 결과를 위해 어떤 것을 선택하는 것은 우리 삶에서 매우 강력한 논리를 갖고 있어. 정말로 많은 것들을 우리는 좋은 결과를 얻기 위해 선택을 하지. 서점에서 어떤 책을 고를 것인지, 밥상에서 어떤 반찬을 먹을 것인지, 어떤 학교를 지원할 것인지 등등…. 하루의 일과에서 선택하는 것은 물론이거니와 인생에서 중요한 결정을 할 때도 자신의 선택이 보다 좋은 결과를 낼 수 있을 것이라는 기대를 갖고 하는 경우가 많아.

하지만 가만히 생각해보면 우리가 바라는 **좋은 결과라고 하는 것들이 대부분 욕망의 충족과 관련된다**는 것을 알 수 있지. 즉 욕망이 충족되면 좋은 거, 그렇지 않으면 나쁜 거로 생각한다는 것이야. 맛난 음식을 입에 넣는 것은 입에 맞는 음식을 채우려는 욕구에 따른 것이고, 눈에 띄는 책을 고르는 것도 자신이 서점에 간 목적, 즉 욕망에 어울리는 것이 되는 것이지. 대학에 붙기 위해 지원을 하는 것도 결국은 욕망과 관련되는 것이라고 할 수 있어. 물론 욕망을 나쁜 것으로 몰아붙일 수도 없어. 욕망이 없다는 것은 결국 죽은 것이라고 할 수 있으니까.

그런데 모든 욕망을 채우는 것이 과연 정말로 좋은 것일까? 잘 생각해보면, 우리는 욕망을 무작정 채우려고만 하는 것이 어떤 결과를 일으키는지 잘 알고 있어. 그래서 먹는 것도 절제하고, 정말로 필요한 책

이 아니면 한 번 더 고민해서 책을 사게 되지. 그래 **욕망을 따르는 것**
이 오히려 나쁜 결과를 낳을 수 있다는 것을 충분히 알고 있기 때문이
겠지. 그래서 정말로 좋은 것을 위해서는 당장 눈앞에 좋지 않은 상황
이 예상되더라도 기꺼이 선택해야 하는 경우가 많이 있어. 그래도 역시
동일한 문제는 발생하지. 기꺼이 감수한 어려움이 정말로 감수할만한
것이었는지에 대한 판단은 일이 다 끝나고 최종적인 판단을 내릴 때라
야만 가능한 건데, 앞서도 이야기했지만 최종적으로 끝나는 시점이 어
딘지 확정짓기는 어렵거든.

　　사실 이런 입장에서 가장 큰 문제라고 할 수 있는 것은 기대하는
결과를 위해 어떤 방법을 선택하는가와 관련된다고 할 수 있어. 만약
심청이가 공양미 삼백 석을 위해 자신을 파는 게 아니고 누군가 다른
사람을 꼬셔서 공양미 삼백 석을 얻었다고 한다면, 역시 심청이의 선
택은 옳은 것이라고 할 수 있을까? 모자 만드는 사람이 비밀을 발설하
지 않기 위해서 자신의 혀를 잘라버렸다면 이 또한 옳은 것이라고 할
수 있을까? 특정한 목적을 달성하는 수단들이 여러 개 있을 경우 어
느 수단을 선택하는 것이 옳은 것인가에 대한 대답을 이 입장에서는
내리기가 쉽지 않지.

　　어때 이런저런 입장들, 뭐 모든 입장을 본 것은 아니지만 중요한 것

들은 대충 살펴보기는 했어. 그런데 어느 입장이건 나름의 문제를 안고 있는 것도 알게 되었지? 너희들보고 어느 입장 하나만을 고르라는 것은 아니야. 다만 윤리적 상황을 마주하게 될 때, 너희들이 정말로 고민할 수 있는 거리를 주는 것이 나의 목적이니까.^^

물론 이렇게 반문할 수도 있어. '어느 것을 선택하더라도 문제가 있다면 굳이 이런 고민을 해서 뭐하지?' 라고 말이야. 하지만 **중요한 것은 어떤 행동을 의도적이고 의식적으로 선택한다고 할 때 아무 생각 없이 하는 것보다는 한 번쯤 고민을 해보는 것은 매우 중요해. 왜냐고? 우린 사람이잖아.** 사람은 집에서 기르는 개나 고양이처럼 학습된 데로 사는 존재가 아니거든. 같은 행동을 하더라도 조금 더 주도적이고 주체적으로 행동하는 사람으로 살 것인지, 아니면 인생을 대충 살 것인지는 너희들이 스스로 판단하도록 해.^^

납득이 돼?

생각해보자 ◇◇◇◇◇◇◇◇◇◇◇◇◇◇◇◇◇◇◇◇◇◇◇◇◇◇

〈흥부 놀부〉 이야기 잘 알지? 두 사람의 인생이 완전히 대비되면서 우리한테 아주 훌륭한 교훈을 안겨다 주는 이야기였지. 그런데 그 이야기에서 흥부와 놀부 두 사람의 생각이 완전히 일치하는 것이 있어. 바로 '제비의 부러진 다리를 고쳐주어야 한다.'는 것이지. 사실 두 사람 삶이 이후 완전히 다른 모습으로 전개된 것 역시 이 생각에서부터라고 해도 과언은 아니야. 그런데 별생각은 없었겠지만 이렇게 써 놓고 보니 이상하지 않아? 왜 같은 생각이었는데 서로의 삶이 완전히 반대로 흘러버렸을까? 그리고 대부분이 그렇듯이 흥부의 생각은 좋은 것, 놀부의 생각은 나쁜 것이라고 판단까지 하잖아. 도대체 똑같은 결론인데도 불구하고 흥부와 놀부의 결론에 대해 서로 다른 판단을 내리게 되는 이유가 무엇인지, 그런 우리의 판단에 영향을 끼친 것이 무엇 때문인지 생각해 볼래?

01 | 논리가 중요하다고?

호랑이와 곶감

논리, 혹은 비논리

너희들 진리와 논리를 구분할 수 있니? 진리에 대해서는 앞의 2장에서 했었는데. 기억할까? 진리는 어떤 명제가 참이냐, 아니면 거짓이냐에 관한 것이고, 논리적이라는 것은 명제와 명제의 관계가 올바른지, 그렇지 않은 지에 관한 것이라고 할 수 있는데, 어때 구분이 좀 돼? 좀 더 구체적으로 이야기하면 어떤 사람이 이야기한 것이 사실과 맞아떨어지거나 또는 이미 우리가 알고 있는 진리와 모순되지 않으면 참이라고 하고, 그렇지 않으면 거짓이라고 했지. 이런 것이 진리와 관련된 내용이야.

그런데 논리적이라고 하는 것은 조금 지나치게 말하면 사실이나 우

리가 기존에 알고 있는 진리와는 큰 상관이 없어. 다만 누군가가 어떤 이야기를 풀어낼 때, 그 이야기를 이루는 문장들끼리의 관계만이 직접적으로 상관이 있는 거야.

아래 잠깐만 볼까?
① A = B
② B = C
③ A = C

①, ②, ③ 각각은 사실과 관계가 없지? 우리가 알고 있는 어떤 진리와도 아무런 상관이 없고. 하지만 희한하게도 ①과 ②를 참이라고 한다면, ③은 자동적으로 참일 수밖에 없다는 거. 방금 내가 뭐라고 했었지? '참이라고 한다면!'이라고 했었지? 그러니까 그것이 사실에 맞는지 아닌지는 별로 상관이 없다는 것이야. ③이 참이라는 것은 그것이 어떤 객관적인 사실이기 때문이 아니라, ①과 ②를 참으로 가정했기 때문이라는 것이며, 이럴 때 우리는 ①, ②와 ③의 관계가 논리적이라고 평가하는 것이지.

여기서 잠깐! 간단하게 용어 정리를 좀 해보자. 위의 ①, ②, ③에서 ③은 ①과 ② 때문에 참일 수밖에 없게 되지? 이 때, ③을 결론, 혹은 주장이라고 하지. 그리고 ①과 ②는 전제, 혹은 근거라고 불러. 정리하자면 **근거의 역할은 결론 혹은 주장이 참이라는 것을 입증하기 위해 사용된 것들이라고** 할 수 있으며, 근거들이 참이라고 할 때 주장이나 결론은 그것을 생각하는 사람이나 그 사람의 이야기를 듣는 사람들이 참이라고 당연히 받아들여지게 되지. 이 용어는 이번 장을 읽어나가면서 계속 여기저기서 튀어나올 테니까 잊지 말도록 하자고.

어디까지 이야기했더라. 아 그렇지! 논리적이라는 것은 사실과 관계하기보다는 명제와 명제의 관계에 더 집중하는 것이라고 했었지? 그렇다고 혹시 오해하면 안 돼. 아무리 논리적인 것이 문장과 문장 간, 정확하게 말하면 명제와 명제 간의 관계에 관심을 갖는다고 하더라도 각 명제들이 사실에 바탕을 두고 있지 않다면 사실 큰 문제에 봉착하게 될 거야. 모래 위에 지어진 집, 곧 사상누각이 되는 것이지. 누군가의 이야기가 정말로 논리적인지를 따지기 위해서는 그 사람의 이야기들이 어떤 명제들로 이루어져 있는지를 살펴야하고, 그러한 명제들끼리의 관계가 올바르게 이루어져 있는지를 따지는 것이 정말로 중요해. 또한 각각의 명제들이 사실에 대해 무리 없이 진술하고 있는지도 잘 살펴야 하는 거야. 그래서 앞의 이야기를 조금 더 정확하게 이야기하자면, 논리는 사실과 직접적인 관계는 없을 듯하지만, 결국 사실에 근거를 두고 이루어져야 한다는 것이지.

논리가 중요해!

그런데 논리적으로 생각하고 이야기하는 것, 반대로 누군가의 이야기가 논리적인지를 살피는 것은 왜 중요할까? 백 마디 말보다 한 가지 사례를 보는 것이 더 좋겠지? 너희들 〈호랑이와 곶감〉 이야기 잘 알고 있지? 먹을 것을 찾아 마을을 어슬렁거리던 호랑이가 어떤 집에서 우는 아이를 달래는 할머니 소리를 엿듣는 장면 말이야. 우는 아이한테 호랑이가 잡아간다고 엄포를 놓아도 울음을 그치지 않던 아이가 곶감을 던져 주었더니 울음을 뚝 그치는 장면에서 호랑이가 곶감을 자기(호랑이) 보다 무서운 존재로 이해하게 되는 그 장면을 잠깐 볼까?

호랑이의 결론 : 곶감은 나보다 더 무서운 것이다.

도대체 호랑이는 무엇 때문에 그렇게 말도 안 되는 결론을 내리게 된 것일까? 바꿔 말하면 그와 같은 결론을 호랑이가 믿어버린 것에는 어떤 생각이 전제되어 있었을까? 그건 아마 이런 게 아니었을까?

근거 : ㉠ 아이로 하여금 울음을 멈추게 한 것은 무서운 것이다. 그리고 ㉡ 호랑이는 울음을 멈추게 하지 못했지만 ㉢ 곶감은 아이의 울음을 멈추게 하였다.

어때? 너희들이 보기에 근거 ㉠, ㉡, ㉢ 중에서 뭐가 문제인 거 같아? 분명 호랑이가 우스운 결론을 내린 게 된 데에는 근거들이 어딘지 잘못 되었기 때문이거든. 아마 눈치는 챘을 거야. ㉡하고 ㉢은 사실을 묘사한 것이지? 즉 없던 일을 꾸민 것이 아니라 일어난 일을 그대로 문장으로 옮겨놓은 것이니까 문제가 있는 근거라고 보긴 어려울 거야. 다만 ㉠은 어딘지 어설퍼 보여. 왜 호랑이는 아이가 무서워서 울음을 멈추게 된 것이라고 생각하게 되었을까? '인간'인 우리가 보기에는 말도 안 되는 것을 멍청한 '호랑이'가 사실로 받아들일 수밖에 없었던 건 무엇일까?

동화는 이런 면에서 아주 영리하고 교묘하게 이야기를 풀어놓았어. 바로 아가의 엄마가 이렇게 말하는 것이지. "아가, 울지 마. 울면 호랑이가 잡아간단 말이야. 호랑이가 얼마나 무서운지 알지? 울지마, 뚝!" 그래 분명 호랑이가 아무런 근거도 없이 아이의 울음이 그친 것을 무서움과 관련지은 것은 아니야. 엄마는 분명 무서움을 부각시켜서 아이의 울음을 그치게 하려고 했으니까. 근데 그 다음이 문제야. 아이가 울음을 그치지 않자, 엄마는 체념하는 듯 이렇게 이야기 하지. "옛다, 곶감 여기 있다. 이제 뚝!" 그러자 아이는 울음을 그친 거지. 근데 여기에는 아무런 설명이 없어. 다만 아이가 울음을 그쳤을 뿐, 무서워서 그쳤는지 곶감을 먹느라 그랬는지 알 수가 전혀 없거든. 그래서 작가가 교묘하고 영리하다는 거야. 호랑이가 곶감을 무서운 것이라고 생각한 것으로 꾸미려면 어딘지 과정을 정교하게 꾸몄어야 했는데, 이 장면이 바로 그 장면인 것이지.

여기에는 장치가 두 개 숨어 있어. 하나는 호랑이가 곶감이 무엇인지 전혀 모르는 상태로 묘사해 놓았다는 것. 그리고 다른 하나는 엄마가 무서운 호랑이를 이야기 한 다음에 곶감을 들이밀었다는 것. 이 두 가지 장치를 해놓지 않았더라면 아마 동화는 참으로 싱거운 이야기로 전개되었을 거야. 아마 호랑이는 왜 곶감 때문에 아이가 울음을 그치게 되었는지 고민하는 단계로 넘어 가서 아주 다분한 성찰의 시간을 갖는 것으로 전개되었을 수도 있겠지. 이 두 가지 때문에 호랑이는 아이가 울음을 그친 것도 곶감을 무서워했기 때문이라고 생각하게 되었을 것이라고 짐작하는 수밖에 없었을 거야.

그럼 정리해볼까? **논리적으로 사고하는 것이 왜 중요할까? 우선은 호랑이처럼 엉뚱한 결론을 내리지 않기 위해서야**. 아주 극단적인 사례이긴 하지만 어떤 상황에서 내린 결론이 도저히 받아들이기 어려운 것이라면 스스로 전개한 사고의 흐름 속에서 어디가 논리적이라고 말하기 어려운지 따져볼 수 있어야 하는 것이거든. 바로 위에서 호랑이가 바보 같은 결론을 내리게 된 이유를 추적해 본 것처럼 말이야.

다음으로는 속지 않기 위함이야. 누군가가 나를 감언이설로 꼬드 긴다고 해도 흔들리지 않고 올바른 결론을 내리기 위해서는 당연히 상 대가 어떻게 나를 속이고 있는지 따져볼 수 있어야 하지 않겠어? 그렇 게 따지려면 내가 일단 논리적으로 생각할 수 있어야겠지. 〈호랑이와 곶감〉이라는 동화를 보면서 나름 재미를 느꼈던 것은 그만큼 호랑이 가 비논리적이라는 것을 직관적으로라도 알아 챌 수 있었기 때문이야. 많은 사람들이 사기를 당하게 되는 결정적인 이유가 사실은 상대가 교 묘하게 숨긴 비논리적 장치들을 들춰내지 못하기 때문이지.

02 | 필연적 참?

망주석 재판 * 장님 코끼리 만지기

필연적 참이라는 게 뭔소리?

그런데 논리적인 사고에 따라 결론을 얻었다고 하더라도 그 결론의 값은 크게 두 가지가 있어. **전제들이 참이라면 결론이 거짓일 확률이 완전히 제로인 경우,** 즉 필연적으로 참인 경우와 **거짓된 전제들이 하나도 없더라도 그 결론이 그럴 듯하게 참인 경우,** 즉 개연적으로—그 럴법한, 또는 그런 것— 참인 경우가 그것이지. 도대체 어떻게 이런 차이가 생기는 것이지? 그리고 후자의 경우도 우리는 논리적이라고 부를 수 있을까?

이 둘의 차이는 우리가 흔히 **연역과 귀납**이라고 불리는 논리학의 두 방식의 차이에서 오는 것이라 할 수 있어. 왜 너희들 이 단어들은 어디선가 한 번쯤은 들어보았겠지? 연역추리하면 딱 떠오르는 내용이 있지 않아? 소크라테스 어쩌고 하는 거 말이야. 그런데 그 예는 조금 효용성이 떨어져. 왜냐하면 결론인 소크라테스가 죽은 건 전제들의 관계하고 상관없이 이미 벌어진 사실이니까. 다음은 우리가 전제와 결론의 관계에만 집중해서 설명하려는 거니까 한 번 살펴보자고.

전제① 모든 고양이는 말을 한다.
전제② 말을 하는 것은 앞발만으로 걸을 수 있다.
결론③ 모든 고양이는 앞발만으로 걸을 수 있다.

어때? 결론 ③은 참일까? 물론 전제 ①과 ②가 없이 ③만 덩그러니 있다면 두말 않고 거짓이겠지. 하지만 ①과 ②가 함께 있다면 어때? ③은 그 전제들 때문에 참일 수밖에 없지? 어디 한 번 더 살펴봐. ③이 거짓일 수 있는 여지가 눈곱만큼이라도 있는지 말이야. 만약 그것이 거짓이려면 앞발만으로 걸을 수 없는 고양이가 단 한 마리라도 있다는 것을 전제①과 ②의 내용에서 찾을 수 있어야 하는데, 아마 아무리 전제들을 살펴보아도 걷지 못하는 고양이에 관한 이야기의 흔적을 찾을 수 없을 거야.

연역추리라고 불리는 추리형식에서 결론이 필연적으로 참일 수밖에 없는 것은 이렇게 전제들 속에 이미 결론의 내용이 들어 있기 때문이지. 겉으로 드러내 놓고 말은 하지 않지만, 전제들을 잘 살펴보고 뜯어보면 어딘가 결론의 내용이 이미 포함되어 있기 때문에 결론이 거짓일 확률이 제로일 수 있는 것이지. 바꿔 말하면 결론은 이미 우리가 알고 있는 내용을 다시 한 번 진술한 것에 불과한 것이라고.

그러면 이런 의문이 생겨. 도대체 이미 알고 있는 이야기를 무엇 때문에 다시 반복해야 하지? 물론 그렇게 생각할 수도 있어. 하지만 연역추론을 통해 내리는 결론은 이미 우리가 알고 있었던 것이긴 하지만, 그것을 알고 있다고 생각하지 못했던 것들이야. 정확히 알고 있는 것들을 이리저리 조합하면서 알고 있는 줄도 모르던 것을 정확하게 알게 만들어주는 것이지.

연역추리의 가장 대표적인 것이 바로 수학이야. 어때 너희들 수학 문제 풀면 맨날 틀리지? 근데 어느 누구도 1+1이 뭐냐고 물으면 0.000001초도 안 걸려서 2라고 답할 거야. 하지만 238+82가 뭐냐고 물으면 조금 생각이 필요하지? 그런데 잘 생각해 봐. 1+1=2라는 게 참이 아니라면, 238+82의 답을 구할 수 있을까? 우리는 1+1이 2라는 것을 참이라고 인정하기 때문에 238+82가 320이라는 답을 구할 수 있는 것이지. 앞에서 이야기한 것을 반복하자면, 238+82=320이라는 것은 1+1=2라는 계산식에 이미 포함되어 있는 것이라고 할 수 있는 것이지.

필연과 확신

물론 연역추리를 이렇게 알고 있지만 그렇게 생각하지 못했던 것을 꼭 집어내기 위해서만 사용하는 것은 아니야. 연역추리를 통해 어떤 결론에 도달한 사람은 그 결론이 너무도 확실한 것이어서 아주 강한 의지를 갖고 그 결론대로 실천할 수 있게 되지. **단지 모르는 것을 알게 하는 것을 넘어서 어떤 행동에 확신을 가질 수 있다는 것도 연역추리를 하는 또 다른 이유라고 할 수 있어.** 〈망주석 재판〉 이야기 알아? 사또가 비단을 도둑맞은 장사꾼에게 비단을 찾아주고 도둑을 잡은 것은 사실 사또가 연역적 추리를 해나가지 않았더라면 불가능했을 거야. 망주석에게 곤장을 때리는 장면을 보면서 웃던 마을 사람들을 사또가 잡아들이면서 가졌던 확신은 다음과 같은 것이었을 거야.

사또의 신념 : '많은 사람들이 급하게 비단을 구하게 되면 그 중에 도둑이 내다판 것을 사오는 사람이 분명히 있을 것이다.'

그리고 사또가 그와 같은 확신을 갖게 된 것에는 다음과 같은 전제가 깔려 있지?

> **전제①** 도둑은 훔친 비단을 시장에 내다 팔기 위해 애쓸 것이다.
> **전제②** 시장에 있는 비단을 조사하면 비단을 훔친 범인을 잡을 수 있을 것이다.
> **전제③** 시장에 있는 비단을 포졸들을 풀거나 혹은 마을 사람들을 동원해서 수거해야한다.
> **전제④** 포졸들이 보이면 도둑은 숨을 것이고, 마을 사람들이 구하려고 하면 도둑은 비단을 시장에 내다 팔 것이다.
> **전제⑤** 포졸들이 시장에서 비단을 구하게 해서는 안 된다.

그래 전제 ①~⑤가 모두 참이라면 사또가 내린 결론 역시 참일 수밖에 없어. 그런 점에서 사또의 추리는 연역적 추리에 해당하는 것이지. 그리고 그런 연역추리를 토대로 내린 결론이기에 사또는 그렇게도 강경하게 마을 사람들에게 누명 아닌 누명을 뒤집어 씌우는 쇼를 할 수 있었던 거야.

근데 이런 연역추리를 좇아 내린 결론은 근본적인 한계를 갖게 되어 있어. 전제에 포함된 것 이외에는 새로운 사실을 알게 되지 못한다는 것이야. 나날이 변화무쌍한 세상을 이해하거나 설명하기에는 다분히 부족하다는 것이지. 바꿔말하면 **전제에 갇혀서 새로운 관점이나 새로운 방법으로 세계를 이해하는 데에는 다분히 부족할 수밖에 없다는 것이야.** 〈장님 코끼리 만지기〉 이야기는 이런 연역추리의 한계를 잘 보여준다고 할 수 있어. 시각장애인들이 서로 떨어져서 이 부위 저 부위의 코끼리를 만지고는 자신이 만진 것만 놓고 코끼리는 기둥과 같다느니 코끼리는 벽과 같다느니 결론을 내린 것은 이러한 연역추리의 문제점 때문인 것이지. 코끼리를 기둥으로 간주한 시각장애인은 다음과 같은 추론을 거쳤을 것이야.

> **전제① 기다랗고 동그라며 단단한 것은 기둥이다.**
> **전제② 내가 만진 코끼리는 기다랗고 동그라며 단단하다.**
> **결론③ 코끼리는 기둥과 같다.**

어때? 추론에 아무런 문제가 없지? 그런데 왜 결론 ③은 사실과 다르지? 그건 전제 ②가 코끼리의 모든 부위를 포함하고 있지 않기 때문이지. 연역추리에서 결론이 필연적으로 참인 것은 전제에 이미 결론의 내용이 포함되고 있기 때문이라고 했었지? 그러니까 상아의 모습이나 옆구리에 관한 모습이 전제에 전혀 포함하고 있지 않기 때문에 그 시각장애인은 ③과 같은 결론밖에는 낼 수 없었던 것이지.

근데 앞서도 이야기했지만, 세상은 넓으면서도 끊임없이 변화하고 있어. 우리가 이해하고 선택해야 하는 것도 그만큼 폭이 넓다는 것이고. 실제로 우리의 지식은 갈수록 방대해지고 있잖아. 바꿔 말하면 우리는 연역적 추리만으로 세계를 이해하며 살고 있지 않고 그것이 우리가 세계를 이해하거나 설명하는 유일한 방법일 수도, 그래서도 안 된다는 거야.

03 | *개연적 참?*

토끼와 거북이 * 혹부리 영감

개연적 참이라는 것이 뭔소리?

귀납이라고 부르는 것이 하나 더 있어. 그런데 이 귀납추리는 연역 추리와 달리 추리를 통해 내린 결론이 전제가 아무리 참이더라도 필연적으로 참임을 보장해주지 못하는 한계를 지니는 추리형식이야. 필연적인 결론을 내려주지도 못하는데 무엇 때문에 그런 추리를 하냐고? 귀납추리는 필연적 참은 아니더라도 참이라도 믿을만한 매우 충분한 근거를 바탕으로 하고 있어. 어떤 결론을 받아들이는 것이 거부하는 것보다 더 좋다고 생각하게끔 하기 때문이지. 필연적 참이라기보다는 대충 참, 혹은 거의 참이라는 표현이 더 어울린다는 거. 이때 거의, almost라는 것을 조금 정리된 용어로 바꾸면 그것이 곧 개연적이라고 할 수 있는 거야.

어떤 근거들이기 때문에 그런 개연성밖에는 보장하지 못하는 거냐고? 귀납추리는 근거, 혹은 전제로 사용되는 것들이 대부분 확인된 사실들, 즉 한 사람이 확인을 했건, 혹은 여러 사람이 나누어서 확인을 했건, 좌우지간 확인된 사실들이야. 귀납추리에서 내리는 결론은 그러한 확인된 것들을 바탕으로 확인되지 않은 것까지 그러할 것이라고 결론을 내리는 추리형식이지. 좀 복잡하지? 다음을 한 번 살펴보자고.

전제① 이제까지 등교시간에 지하철 2호선 홍대입구역에서 9시에 전철을 탔었는데, 학교에 지각했던 적은 한 번도 없었다.
결론② 오늘도 9시에 홍대입구 전철역에서 지하철을 타면 학교에 지각하지는 않을 것이다.

어때? 전제 ①이 참이면, 결론은 어떤 경우라도 참일까? 만약 전철을 탔는데, 대규모 정전사태가 벌어지면? 만약 전철을 타고 가는 길에 다리를 삐끗해서 제대로 걷지 못하면? 만약 전철에서 내렸는데 참을 수 없는 설사가 갑자기 발생하면? 아마 학교에 지각하지 않고 도착하는 것은 불가능하겠지? 누가 또 이렇게 물을 거야. 에이, 그런 특별한 경우를 자꾸 이야기하면 어떻게 하냐고.

그렇지. 바로 그거야. 특별한 경우가 생기는 경우의 수를 전제들은 전혀 포함하지 않고 있거든. 그런데 결론은 그런 전제들을 바탕으로 특별한 경우의 수가 생기는 것을 인정하지 않는 듯, 결론을 내리고 있다는 것이지. 여기서 전제 ①은 추리를 하는 당사자가 이제까지 경험한, 그러니까 확인한 사건들이고, 결론 ②는 전혀 확인되지 않은 내용을 포함하고 있거든. 그러니 결론 ②의 값은 완전히, 절대적으로, 필연적으로 참이라고 말할 수는 없겠지? **그래서 이렇게 귀납적 추리를 통해서 얻은 결론의 진리 값은 개연적 참이라고 하는 것이야. 다만 확률적으로 참일 확률이 높은 진술인 것이지.**

그런데 이 개연적이라는 것 때문에 귀납추리는 근본적인 한계를 지니게 되지. 확인되지 않은 것을 확인된 것만 가지고 입증하려고 하다 보니까 틀릴 여지를 여전히 남기는 것이야. 〈토끼와 거북이〉 이야기는 이런 귀납적 추리의 한계를 가장 쉽게 알려준다고 할 수 있어.

토끼는 출발선에서 똑같이 출발했다가 어느 순간 뒤돌아보고는 쫓아오는 거북이가 보이지 않자, 한숨 자도 되겠다고 결정을 하지. 이때 토끼 머릿속에는 이런 이야기가 순서대로 진행되었을 거야.

전제① 거북이한테 지거나 이길 것이다.
전제② 거북이가 나보다 빠르다면 거북이한테 질 것이다.

전제③ 거북이가 나보다 느리다면 거북이한테 이길 것이다.

전제④ 거북이는 나보다 느리다.

결론⑤ 내가 거북이에게 질 일은 없을 것이다.

어때? 우리 앞에서 이야기한 그대로지? 연역추리 말이야. 앞에서 이야기한대로 만약 전제 ①~④가 모두 참이라면, 결론은 어떤 이유 여하를 막론하고 참일 것이야. 그런데 전제 ④를 한 번 살펴보자고. 토끼가 거북이는 자신보다 느리다고 판단을 한 것은 사실 이야기 속에서 다음과 같은 문장들로 대체해야 맞지.

④-1 거북이는 이번 경주에서 내가 한 숨 자는 시간을 더해도 나보다 빠를 수 없다.

동화의 이야기를 온전히 이해한다면, ④-1의 명제가 더 정확한 토끼의 생각을 반영하는 것이라는 것을 알 수 있을 거야. 그런데 토끼는 도대체 무엇을 근거로 ④-1처럼 생각하게 되었을까? 그건 다름 아닌, 이제까지 달려본 경험이야. 출발선에서부터 득달같이 달려서 뒤돌아보고는 까마득하게 뒤에 처져 있는 거북이를 '보고서' 내린 결론인 것이지. 그러니까 ④-1처럼 생각한 것 자체가 이미 귀납적 추리를 거칠 수밖에 없었다는 거야. 결과는 어때? 토끼가 ④-1처럼 생각한 게 잘못인 것이 여실히 드러났지? 귀납추리가 갖는 한계를 잘 드러내 보여준 것이라고 할 수 있어.

귀납적 비약, 그것은 용기!

이런 한계가 확실한데도 우리는 계속 귀납추리를 사용해야 할까? 사실 우리는 귀납추리를 사용하지 않고는 살아갈 수가 없지. 사실 우리가 아침에 눈뜨고 저녁에 잠을 자는 것, 거의 대부분은 따지고 보면 그러한 믿음에 근거를 두고 있어. 잠결에 화장실을 찾아가는 건 내가 늘 갔었던 경험을 토대로 무심결에라도 찾아갈 수 있는 것이고, 매일 마주하는 식탁에서 감사하는 마음으로 숟가락을 들 수 있는 것은 이제까지 그 식탁에 올라온 음식들이 나를 해치지 않았다는 경험을 바탕으로 하는 것이지.

근데 정작 더 중요한 것은 귀납추리가 갖는 비약적 성격, 즉 확인되지 않은 것조차 본 것처럼 간주하여 결론을 내리는 성격에 있어. 어라? 방금은 그게 문제라며? 맞아 그게 문제인 건 맞는데, 바로 그런 불확실성을 과감하게 저지르면서 우리는 그런 추리를 하는 게 매우 일반적이라는 것이지. 그렇게 **확인되지 않은 것을 확인된 것으로 간주할 수 있는 능력이 우리가 날로 확산되어가는 세계를 이해하고 이에 적응할**

수 있도록 하는데 매우 중요한 능력이 되거든. 실수를 유발할 수도 있지만 한편으로는 우리가 세상을 더 넓게 상상하면서 이해하도록 해주는 매우 중요한 추론 방식이지.

〈혹부리 영감〉이야기는 귀납추리가 우리 삶을 얼마나 더 풍요롭고 윤택하게 해 주는 것인지 엿볼 수 있는 이야기라 할 수 있어. 사실 턱밑에 혹이 하나 달렸다는 것은 생각하기에 따라 매우 부끄럽거나 숨기고 싶은 외모이기도 하거든. 근데 이 이야기는 그런 부정적인 것을 그럴싸한 이야기로 포장해서 턱에 혹을 달고 있는 사람들을 조금 더 친근하게 만들어 주었지. 근데 그렇게 이야기를 꾸린 과정에 아주 적절하게 사용한 것이 귀납추리의 하나인 인과추리라는 것이야.

노래를 좋아하는 도깨비들이 멋들어지게 노래를 잘하는 혹부리 영감님을 붙잡고, 노래를 어떻게 그렇게 잘하게 되었는지 물었을 때, 혹부리 영감님이 자신의 턱밑에 있는 혹 때문이라고 둘러댄 것은 귀납추리를 역이용한 멋진 사례가 되지.

인과추리를 간단하게 설명하면, 어떤 결과가 어떤 원인에 의해서 발생했는지를 생각하는 추리형식이지. 근데 이 인과추리 중에서 가장 간단한 형식 중 하나가 차이를 드러내는 것이야. 예를 들어 갑자기 배탈이 났을 경우, 오늘 특별하게 먹은 음식을 생각해서 그 음식 때문이라고 생각하는 것이 이에 해당하는 거야. 혹부리 영감님이 도깨비들에게 혹이야말로 노래주머니라고 '뻥'을 칠 수 있었던 것은, 도깨비들 중에 아무도 혹이 달린 도깨비가 없었기 때문에 가능했던 것이지. 도깨비들과 할아버지의 외모의 차이를 노래를 잘하게 되는 원인으로 제시했을 때, 도깨비들 역시 깜빡 속아 넘어간 것이 그럴듯하잖아.

도깨비들 역시 의심을 하지, 정말로 그 혹 때문에 할아범이 노래를 잘 하게 된 것인지에 대해. 귀납추리의 한계를 도깨비들도 알고 있었던 게야. 하지만 할아버지의 그럴듯한 설명이 더해져서 결국 도깨비들이 혹과 보물을 거래하기로 결정한 것은 어떻게 보면 나름 새로운 세계로 나아가겠다는 큰 다짐이 바탕이 되었다고 할 수 있어. 비록 결과적으로 실패해서 크게 분을 내기는 했지만 그런 다짐이 없었더라면 도깨비들은 멋진 노래가 혹에서 나올 수도 있다는 생각에 아마 오래도록 밤잠을 설치고 말았겠지?

우리의 역사도 역시 마찬가지야. 누군가가 위대한 역사적 걸음을 내디딘 것은 수도 없는 귀납적 추리의 실수를 극복하고 만들어진 결과라고 할 수 있어. 예를 들어 한방의 약재에 대해 생각을 해볼까? 물론 지금이야 한방의 약재는 성분을 분석하고 또 사람들의 신진대사에 관한 과학적 설명을 통해서 어떤 증상에 어떤 약재가 더 도움이 되는지를 알 수 있겠지. 하지만 아주 오래전에는 어떤 풀이 어떤 증상에 도움이 되는지 알 수 있었을까? 아마 먹어보았을 거야. 뭐 일설에 의하면 간 색깔과 같은 식물은 간에 좋을 것으로 생각해서, 눈 색깔과 비슷한 풀은 눈에 좋을 것으로 생각해서 무작정 먹어보았다는 거지. 물론 그렇게 먹고는 눈이 멀었다느니, 혹은 목숨을 잃었다느니 하는 이야기들도 많아. 하지만 그런 용기를 낸 선조들이 없었다면 지금처럼 훌륭한 한방이 유지될 수 있었을까?

그 분들이 용기를 낼 수 있도록 한 그 추리방법 역시 인과추리의 하나야. 공통법이라고 불리는. 확인된 것은 같은 색깔이라는 공통점이었는데, 그 공통점 때문에 더 좋은 결과를 야기할 것이라고 생각한 것은 분명 귀납적 비약인 것이지. 이렇게 **귀납적 비약은 앞에서 설명한 것처럼 귀납추리의 근본적 한계임과 동시에 우리의 상상력을 자극하여 더 풍요로운 삶을 누리게 되는 초석이 되기도 해.**

어때? 논리학에 대한 이해가 조금 되었나? 조금 까탈스럽지? 읽기도 불편하고. 논리적으로 무엇인가를 따진다는 건 참 어려운 일이야. 나도 쓰면서 조금 어려웠다는 거 이해해줘. 하지만 중요한 것은 그런 어려움이 있더라도 논리적 사고를 기르는 건 매우 중요한 일이야. 왜냐고? 한편으로는 우리가 갖고 있는 많은 믿음들이 밑도 끝도 없는 것인지 살필 수 있도록 도와주기도 하거든. 그리고 다른 한편으로는 우리가 만나는 세상을 더 넓게 이해할 수 있도록 상상력을 자극해 주기도 하니까. 너희들이 앞으로 더 성장하면서 눈앞의 재미만을 좇을 게 아니라 조금은 더 합리적인 삶을 모색한다면 논리적 사고력을 증진시키는 것은 매우 중요해. 잊지 않았으면 좋겠네.^^

Part 5

아름다운 거?
추한 거?

〈르오노 강의 별 달밤〉 고흐   〈소〉 이중섭

위의 두 그림 중에서 어떤 것이 더 아름다워 보이는지 생각해
볼래? 그리고 만약에 둘 다 정말로 아름다운 것이라고 주장할
수 있다면 도대체 아름답다고 하는 것은 무엇인지 딱 5분만
고민해볼까?^^

01 | **예뻐지고 싶어요!**

백설공주

거울아! 거울아! 세상에서 누가 제일 예쁘니?

'거울아! 거울아! 세상에서 누가 제일 예쁘니?' 혹시 이 주문 모르는 사람 있어? 없지? 너무도 유명한 거잖아. 이 주문은 백설공주 동화에서 마녀가 마법의 거울 앞에서 외우는 거지. 어때? 너희들도 많이 외우는 주문 같지 않아? 안 외운다고? 정말? 뭐 어느 누구도 입 밖으로 똑같은 주문을 외우지는 않지만, 잘 생각해봐. 우리는 모두 예뻐지길 원하지 않을까? 그리고 이왕이면 세상에서 제일가는 미인이 되어보는 것도 비록 꿈이지만 한 번쯤은 갖고 있을 법하고 말이야.

아! 예쁜 사람이라고 하니까 남자들은 예외인 것처럼 들리나? 음, 여기서 말하는 예쁨이란 것을 굳이 여성스러운 아름다움만을 이야기할 필요는 없을 것 같아. 남자들도 거울을 보면서 못생긴 사람이 되지 않기를 바라는 마음이 있을 테니까. 남자들한테는 멋진 사람이란 표현을 쓰기는 하지만 여기서는 '예쁜 사람'이나 '멋진 사람'이나 아름다운 사람을 표현하는 것으로 이해하는 것이 좋겠지?

어쨌든 **우리는 여자건 남자건 할 것 없이 모두가 아름다운 사람이 되고 싶어 하지.** 그건 아마 가장 인간다운 욕망 중 하나일 거야. 그런데 어떤 사람이 아름다운 사람일까? 백설공주 이야기를 보면 답이 있을까? 하지만 안타깝게도 동화에서도 어떤 사람이 아름다운 사람인지 답을 내리고 있지는 않는다는 사실. 잉? 백설공주가 아름다운 사람 아니었어? 라고 누군가가 되물을지는 모르겠지만, 이 책을 읽는 사람 중에 세상에서 제일 아름다운 사람인 백설공주를 본 사람 있으면 한 번 손 들어볼래? 없지?

백설공주가 답이었다고 쳐보기라도 할까? 그러면 어떤 것이 세상에서 가장 예쁘다고 하는지 적어도 동화 속에서 이야기하는 아름다운 사람에 대해 상상이라도 해볼 수 있을 테니까. 그런데 동화 어디에도 백설공주가 어떻게 생겼는지, 도대체 어떻게 생겼길래 거울이 세상에서 가장 아름다운 사람이라고 치켜세우는지 아무런 설명이 없다는 게 함정이야. 거울조차 백설공주가 그냥 제일 예쁘다고만 말할 뿐 어디가 어떻게 생겨서 이쁘다고 하는 것인지에 대해서는 아무런 설명을 하고 있지 않아.

그래 그럼 한 번 우리가 생각해 볼 필요가 있지 않을까? 도대체 아름다운 것이 어떤 것이지? 우리는 무엇을 보고 아름답다고 하는 걸까? 김태희 누나나 설현 언니처럼 생기면 이쁜 걸까? 아니 만약 그렇다면 김태희 누나나 설현 언니는 어떤 기준으로 예쁘다고 하는 것이지? 도대체 무엇을 기준으로 우리는 그 사람들을 아름답다고 판단하는 것일까?

예쁜 남자, 멋진 여자? 틀린 거 아냐?

이 물음에 대한 답은 우선 우리가 앞서서 이야기한 것과 관련하여 생각해 볼 수 있어. 앞에서 뭐라고 했었냐고? 여자들은 예뻐지려고 하고, 남자들은 멋있어지려고 한다고 했었지. 그리고 이 둘을 묶어서 그냥 아름다워지려고 한다고 했었고. 그런데 이런 의문이 들었던 사람 없어? 어떻게 예쁜 거하고 멋있는 거하고 같은 것이냐고. 이 둘을 같다고 할 수 있는 점이 바로 우리가 지금 이야기하는 아름다움이 무엇인지에 대한 고민을 풀어갈 실마리를 조금은 줄 수 있을 거야.

'예쁜 남자', 혹은 '멋진 여자' 어때? 입에 착착 붙어? 좀 어색하지? 물론 요즘은 이런 표현도 많이 쓰니까 별로 많이 어색하지는 않을 수도 있는데, 그리 오래지 않았던 시기, 적어도 내가 어릴적만 하더라도 아주 어색한 표현이었어. 그게 왜 어색한 표현이었냐고? 사람들 생각에는 여자는 예뻐야 하고, 남자는 멋있어야 한다는 관념이 아주 깊게 박혀있었거든. 바꿔 말하면 사람들 머릿속에는 '여자라면!', 혹은 '남자라면!'이라는 생각이 자리 잡고 있었다는 거지. 이렇게 보면, 예쁘다는 건 여자다운 모습의 하나이고, 멋있다는 건 남자다운 모습일 수 있다는 거. 어때? 공통적인 게 보여? '~다운 모습'이라는 표현이 같이 들어 있지? 그러면 이런 생각할 수 있지 않을까? **아름다움이라는 것은 곧 '~다운 모습' 속에 있는 것**이라고 말이야. 결국, 이 내용들을 잘 종합해 보면 우리는 이런 결론을 내릴 수 있을 거야. **어떤 것이 가장 그것다운 모습일 때, 그것은 아름다운 것**이라고.

그런데 '~다운 모습'은 현실에서는 찾기 어렵지? 뭐 그런 비스무레한 모습을 찾을 수는 있어도 완벽한 모습을 찾기는 어렵지. 그래서 옛날 철학자 중에서 플라톤과 같은 철학자는, 그런 아주 완벽한 모습을 지닌 것은 현실 세계에는 존재하지 않지만 또 다른 세계에 존재한다고 생각하기도 했었어. 그리고 우리가 살고 있는 세계는 그런 아주 이상적인 세계의 그림자라고 이해했던 거지.

그런데 어떻게 우리가 현실 세계에서 김태희 누나를 예쁘다고 판단할 수 있냐고? 그건 다음과 같이 설명하는 거야. 원래 우리는 그 이상적인 세계에 살다가 무엇인가 잘못을 저질러서 지금 우리가 사는 세계로 쫓겨 나오게 되었기 때문에 우리는 모두 그 이상적인 세계에 대한 기억을 갖고 살고 있다는 거지. 그래서 우리는 그 기억들을 기준으로 현실에서 만나는 것들을 아름다운지, 혹은 그렇지 않은지 판단할 수 있는 거지.

02 | *착한 게 이쁜 거라고?*

콩쥐 팥쥐 * 신데렐라 * 흥부와 놀부

예쁘기만 한 사람보다 착한 사람이 더 예뻐!

그런데 뭐 그렇게 이상적인 상태의 세계가 실제로 있다는 건 적어도 달나라까지 사람들이 직접 갔다 오고, 보이저호 03 가 목성보다 멀리 날아가고 있는 요즘 믿기가 좀 어렵지? 하지만 어떤 것이건 그것의 가장 이상적인 모습을 아름다움과 관련된 것으로 간주하는 것은 사실 굉장히 중요한 단서라고 할 수 있어. 비록 그것이 플라톤이 생각했던 것처럼 저 우주에 또 다른 어떤 세계에 있는 것으로 간주하는 것이 좀 순진한 듯 보여서 그렇지.

그런데 어떤 것이 가장 이상적인 모습이라고 하는 것에는 크게 두

가지가 있어. 하나는 우리들의 삶과 관련한 것, 즉 도덕적이거나 윤리
적인 부분을 묘사하는 것에 관한 것이고, 다른 하나는 우리의 삶을 묘
사한 것은 아니지만 그 자체로 아름다움을 묘사하는 것에 관한 것이
지. 우리는 막연하게 신데렐라나 콩쥐가 아주 미인일 것이라고 상상하
곤 하는데, 그건 아마 전자와 같은 생각이 강하게 영향을 미쳤기 때문
일 거야. 신데렐라와 콩쥐의 삶이 도덕적으로 아주아주 선한 모습으
로 묘사되어 있을 뿐인데, **그들의 선한 삶을 놓고 외모까지 아름다울
것이라고 상상해버리는 거지.** 하지만 사실 그들의 삶을 아름답다고는

03 보이저호 :

미국의 무인우주탐사선으로, 미국항공우주국NASA의 보이저계획에 따라 보
이저1호는 1977년 9월에 발사되었고, 보이저2호는 1977년 8월에 발사되었
어. 보이저1호는 지름길을 택하여 목성(1979.3), 토성(1980.11)에 접근하
였고, 1990년 2월 14일 태양에서 60억km 떨어진 지점에서 태양계를 촬영
한 사진을 지구로 전송하였대. 2005년 5월에는 태양계 외부 우주공간과의 경
계지대인 헬리오스시스Heliosheath에 진입하였고. 2011년 6월 기준, 보이저호
는 시속 약 6만 km의 속도로 태양권이 끝나는 경계면인 태양권계면을 통과하
고 있는 것으로 보여. 30여년간 175억 km 이상의 거리를 날아가고 있는 것이
야. 보이저 2호는 목성(1979.7), 토성(1981.8), 천왕성(1986.1.24), 해왕성
(1989.8.24) 탐사를 마치고 계속 항해하고 있으며, 2017년이 되면 헬리오스
피어 외곽인 헬리오포즈에 이를 것으로 추측하고 있대.

할 수 있어도 모습 자체가 아름다운 건 아니잖아? 현실에서도 그런 사람 있잖아. 너무너무 예쁜 사람인데 절대로 가까이 하기 싫은 사람 말이야. 백설공주에 등장하는 마녀도 백설공주보다는 덜 예쁘지만 세상에서 무려 두 번째로 예쁜 사람이잖아. 물론 외모일 뿐이지. 어느 누구도 마녀의 삶을 아름답다고 이해하지는 않지만 말이야.

착한 사람도 안 예쁠 수 있지!

그러면 여기서 두 번째 경우의 아름다움에 대해 생각해볼 수 있지? 도덕적으로 훌륭한 삶을 살지 않은 마녀의 외모가 아름답다면, 우리는 아름다움 자체에 대해서 생각해 볼 여지가 생기는 거니까. 하지만 그렇다고 앞에서 이야기한 원론적인 수준의 아름다움에 대한 것이 없어지는 것은 아니야. 아름다움이 그것의 가장 이상적인 모습과 관련된다는 것 말이야.

근데 이상적인 상태라는 게 뭘까? **눈앞에 보이는 가짜 말고 그것의 진짜 모습이 가장 이상적인 것**은 아닐까? 앞서서 플라톤이 그림자로서의 현실세계는 가짜이고 그 너머에 현실세계의 근원으로서의 이상세계를 상정했던 것처럼, **당장 눈에 보이는 것이라기보다는 우리가 보아야만 하는 것이 곧 가장 이상적인 것**이라고 할 수 있지 않을까? 그리고 우리는 가짜를 보기 위해 애써서는 안 되고, 진짜를 보아야겠지.

그래야 제대로 살 수 있으니까.

　〈흥부와 놀부〉에서 흥부가 복을 받은 것은 제비 다리를 고쳐주었기 때문이지. 하지만 잘 살펴보면 단순히 다리를 고쳐주었기 때문만은 아니야. 정말로 중요한 건 다리를 고쳐주었다는 것보다는 착한 마음씨를 베풀었다는 게 흥부가 복 받은 '진짜' 이유이지. 그런데 놀부는 흥부가 다리를 고쳐준 것만 보고 제비 다리를 부러뜨렸잖아. 가짜 이유만 마음에 품었으니, 복을 받을 리가 있을까? 그러니까 흥부는 아름다운 사람이고 놀부는 아름다움과는 거리가 먼 사람이 된 것이지.

03 | *진짜 같은 가짜, 가짜 같은 진짜*

미운오리새끼

아름다워 보이는 가짜와 진짜로 추한 것 중 더 아름다운 것은?

근데 이 '진짜'를, 아름다움을 이해하는 기본으로 이해하다보니 여기서 또 갈래가 생기네. 하나는 우리의 심금을 울리는 환상적인 아름다움이고, 다른 하나는 그런 것과는 전혀 무관한, 말뜻 그대로 있는 모습 그대로의 것이지. 다만 오해하지 말아야하는 것은 두 번째 의미로서의 '진짜'가 우리가 이해하는 대로의 이상적인 것은 아니야. 이상적인 것을 보려다보니 진짜를 보는 것이 중요한데, 진짜를 보려다보니까 그것이 곧 이상적인 것은 아니었던 것이지.

전자에 대한 것은 두말하면 잔소리지. 우리로 하여금 감탄을 금치 못하도록 만드는 자연의 어마무시한 풍경만 생각해도 금방 이해할 수 있듯이, 우리의 심금을 울리거나 감탄해 마지않도록 해주는 아름다움이라는 것에 대해서는 그리 어렵지는 않을 것 같아. 우리가 어떨 때 그런 아름다움을 느낄 수 있는지에 대해서는 대체로 어렵지 않게 동의할 수 있지. 조화로움, 균형 잡힘, 웅장함, 그리고 아무것도 섞이지 않은 순수함 등등 이런 경우의 아름다움은 굳이 여기서 열거할 필요는 없을 거 같아. 사실 이런 것도 논의가 필요하긴 한데, 여기서 다 이야기하려면 좀 어렵기도 하고.^^

그런데 후자는 좀 갸우뚱거리는 사람도 있을 거야. 왜냐하면 앞서도 이야기했듯이 이런 경우는 이상적인 것과는 거리가 멀거든. **진짜 세계는 우리가 애써 외면하고 싶은 지저분하고 더러운 것, 인정하긴 싫지만 우리 내면에 있는 어두운 부분들도 사실은 진짜거든. 그런 것도 아름다움과 관련된다고 이야기하는 것이니까** 쉽게 납득하기 어려울 수도 있을 거야.

아름다움을 그리는 미술가들의 작품들, 즉 미술작품들을 보면, 좀 납득하기 어려운 것들이 많이 있어. 뭉크의 〈절규〉 [04] 라던가 혹은 살바도르 달리의 〈기억의 지속〉 [05] 등을 아무 생각 없이 보면 도대체 어디가 '아름다움을 그린' 미술 작품인지 알 길이 없거든. 그런데 그 작품들은 적어도 사람이라면 직면할만한 정서, 혹은 적어도 뭉크나 달

▶ 04 뭉크의 <절규>

05 살바도르달리의
<기억의 지속> ▼

리라는 사람이 드러내고 싶었던 진짜 인간의 모습, 인간의 모든 모습은 아니더라도 인간의 한 단면을 드러내고 있다고 간주되거든. 당연히 그건 진짜 인간의 모습인 것이고, 따라서 아름다움을 표현한 작품으로 인정받는 것이지.

<미운오리새끼>라는 동화에서 정작 작가가 드러내고 싶었던 것은 백조의 아름다움이라기보다는 자기와 모습이 다르다는 이유로 누군가를 천대하고 따돌리고 괴롭히는 것을 좋아하는 인간의 모습이, 숨기고 싶은 우리 속의 내면의 진짜 모습이 아닐까? 흥부와 놀부에서 놀부가 없었더라면 이야기가 이상했겠지? 우리는 흥부의 모습을 보면서 흥부처럼 살겠다고 다짐하기보다는 놀부의 욕심 많은 행동을 보고서 놀부처럼은 살지 말아야겠다고 교훈을 얻는 경우가 더 많지. 그렇게 보면 이 동화에서 결국 드러내고 싶었던 건 우리가 숨기고 싶은 욕심 덩어리의 내면의 모습일거야.

존재하는 아름다움, 그리고 만들어지는 아름다움

자 이쯤 되니까 이런 저런 정리가 된 것 같아? 근데 여전히 문제는 있어. 물론 돌멩이나 나무와 같은 것들의 진짜 모습에 대해서는 크게 문제가 되진 않아. 말뜻 그대로 있는 그대로의 모습이 그것이니까. 그런데 인간들의 모습, 인간들의 삶의 모습에 대해서는 다분히 논란의 여지가 있지. 왜냐하면 사람들의 삶의 모습은 아주 다양한 모습을 보이거든. 어디에 살고 있는지, 살고 있는 시대는 언제인지, 그 사람의 나이는 어떻게 되는지 등등에 따라 정말로 많은 사람들의 모습이 있잖아. 그렇다면 인간의 진짜 모습은 어느 것일까? 우리가 관심을 갖고 살펴야 되는 인간들의 진정한 삶의 모습은 무엇일까?

우리가 근대라고 부르던 시기까지는 사람들은 대체로 동의했었어. '인간이란 어떤 존재다!'라고 규정하기 좋았지. 그런데 현대, 아니 조금 더 정확하게 말하면 후기 현대에 들어와서는 그런 것이 조금씩 균열이 생기기 시작했어. 다양한 교류가 늘어나고 지구촌 곳곳에서 사람들의 삶의 모습이 여과 없이 전 세계에 노출되면서 이제 사람들은 자신과는 다른 모습도 인간들이 갖고 있는 하나의 삶이라고 인정하게 되었거든. 물론 한때는 그런 것들이 야만으로 취급받던 시기도 있었지만 단순히 야만으로 터부시하기에는 그들의 삶의 모습이 주는 울림이 매우 컸던 것이지.

그래서 이제 사람들은 '인간이란 당연히 이러이러한 존재야!'와 같은 정답을 버리고 조금은 더 솔직한, 그러나 쉽사리 드러나지 않는 진짜 모습을 고민하기 시작했거든. 그래서 인간들의 삶은 과거 어느 때

보다도 더욱 풍성하고 다양한 모습으로 드러나기 시작했지. 착한 모습, 나쁜 모습, 예쁜 모습, 추한 모습 할 것 없이 있는 모습 그대로 보려고 노력하고 또 이를 드러내고 표현하고자 노력하게 된 것이야.

그런데 문제가 있어. 정작 진짜 인간들의 삶이라고 하는 것이 무엇인지 통일된 답이 없다 보니까, 말도 안 되는 이상한 것까지 진짜인 것처럼 마구 쏟아져 나올 수밖에 없었어. 그래서 혼란이 있는 거지. 어느 게 진짜인지, 아니면 진짜를 위장한 가짜인지 말이야.

하지만 그렇다고 답이 복잡하거나 어렵지만은 않아. 여전히 많은 사람들이 환영하는 것이 '진짜'에 가깝지 않을까? 어떤 사람이 '진짜 사람은 이런 거야!'라고 이해하고는 그걸 작품으로 표현했다고 해보자고. 그 작품을 많은 사람들이 보고서는 '그래! 바로 이거야!'라고 공감하고 인정한다면, 설령 그 모습이 이제까지 우리가 알던 사람의 모습과 사뭇 다른 것이라고 하더라도 그건 우리가 새롭게 알게 된 '진짜'에 가까울 수 있다는 것이지. 단지 그 모습을 우리가 몰랐었을 뿐이니까. 물론 많은 사람들이 인정하거나 공감한다고 해서 그것만으로 충분하다고 이야기할 수는 없겠지만 말이야. 하지만 그 반대로 '많은 사람'의 지지를 무작정 아무것도 아닌 것으로 생각하기에는 무리가 따르겠지?

어디 간단하게 정리해볼까? **아름다움이란 인간들의 도덕적인 것,**

혹은 윤리적인 삶이거나 혹은 단순히 외형적인 아름다움으로 나누어 생각할 수 있어. 나아가 외형적인 아름다움 역시 순수하게 마음의 심금을 울리는 아름다움이거나 혹은 진짜 세계의 모습을 드러내는 것이야. 그런데 진짜 사람들의 삶의 모습을 드러내려다 보니 너무 다양한 진짜 같은 것들이 난무하게 되니까 그것들 중에서 **진짜를 구분하는 것이 중요하고, 이에 대한 답으로 많은 사람들이 동의하고 인정해주는 것이야말로 진짜로 보아도 무방하다는 것이지.** 어때 정리가 좀 되었나?

Part 6

내 손에 있으면 내 것인가?
내 것이어야 내 것이지!

생각해보자 ◇◇◇◇◇◇◇◇◇◇◇◇◇◇◇◇◇◇◇◇◇◇◇◇◇◇◇◇◇◇◇◇◇

〈별주부전〉 이야기 알지? 떼었다 붙였다 할 수 있는 '간' 이야기 말이야. 물론 실제로 그런 것은 아니지만 토끼는 아주 기가 막힐 정도로 황당한 거짓말로 기지를 발휘해서 자신이 처한 위기를 벗어나게 되지. 나 아주 재미있게 읽었는데 너희들은 어떨지 모르겠군. 근데 이런 생각을 한번 해볼까? 용왕에게 토끼의 간은 정말로 꼭 필요한 것이었어. 오래된 병에서 낫기 위해서는 그 간이 없어서는 안 되는 것이었지. 그러면 만약 용왕이 자신의 권한을 이용해서 토끼를 죽이고 그 간을 빼냈다고 해보자고. 그럼 용왕은 약탈자이며 토끼의 간을 빼앗은 나쁜 왕일까? 살기 위해서, 혹은 더 나은 삶을 위해서 고기를 즐겨 먹는 우리 모두는 나쁜 사람들일까? 만약 그렇다고 한다면, 혹은 그렇지 않다고 한다면 무엇 때문에 그럴까? 내 식탁 위에 올라온 음식의 재료에 대한 정당한 소유권을 주장할 수 있는 누구인가와 더불어서 한 번 생각해 보는 건 어때?

내 손에 있으면 내 것인가? 내 것이어야 내 것이지!

142

01 | 왜 때문에 내 것?!

홍길동전 * 공주를 구한 삼형제

지킬 건 지켜야지!

너희들 〈공주를 구한 삼형제〉 이야기 기억하니? 왜 삼형제한테 아버지가 돌아가시면서 보물을 하나씩 유산으로 주었는데, 그 보물을 이용해서 막내가 어느 나라의 공주와 결혼하게 된 이야기 말이야. 기억하지? 근데 너희는 그 이야기를 보면서 어떤 생각을 했어? 정말 훌륭한 행동을 했다고 감동할 수도 있고, 공주와의 결혼에 골인한 막내가 부럽다는 생각을 할 수도 있었겠지.

근데 혹시 첫째나 둘째의 마음 씁쓸이가 도저히 납득이 안 된다는 생각을 해 본 적은 없어? 사실 우리 사회에서 벌어지는 실제 사건들은 동화 속 첫째나 둘째와 같이 자신의 손에 들어올 수도 있는 귀중한 것을 기꺼이 누군가에게 양보하기 보다는 치열한 다툼을 통해 기어이 자신의 것으로 만들거나, 매우 치사하긴 하지만 아예 상대방도 갖지 못하도록 훼방을 놓곤 하지.

뭐 누군가는 이렇게 이야기할 수도 있을 거야. 동화책의 논리를 그대로 좇아서 셋째의 보물은 죽어가는 공주를 살리기 위해 써버리고 남아 있지 않게 된 것이니까, 첫째나 둘째에 비해 공주를 살린 것에 더 큰 공이 있는 거라고. 여전히 지구, 아니 우주의 어느 곳이든 단박에 날아갈 수 있는 양탄자나 어느 곳에 무슨 일이 벌어지건 다 볼 수 있는 망원경은 여전히 없어지지 않고 그대로 있는 거니까 형들은 막내한테 공주와의 결혼을 양보하는 것이 당연하다고 말이야.

근데 아무리 그래도 그렇지. 사실 이게 동화였기에 망정이지 만약 현실 속에서 실제로 일어난 일이라면 삼형제는 아마 목숨을 걸고 결투를 벌릴만한 일일 수도 있었을 거야. 사실 막내 신비의 사과는 첫째의 천리경이나 둘째의 마법 양탄자가 없었더라면 무용지물이었을 테니까 말이야. 그렇게 따지면 비록 사과의 소유주인 막내가 결심을 내리긴 했지만, 그 사과의 효력이 발휘된 데에는 첫째와 둘째의 공헌이 없다고 말하기 어려워지거든. 어때 **너희가 만약 동화 속의 첫째나 둘째였다면 고분고분 셋째에게 모든 것을 양보할 수 있었을까?**^^

뭐 동화 속에서처럼 형제들이 아무런 갈등 없이 동생에게 공주를 양보했건, 현실에서처럼 다툼을 통해 해결하건 어느 쪽으로든 결론은 났겠지. 그런데 우리는 여기서 중요한 철학적 주제를 생각해 볼 수 있단다. **그것은 다름 아닌 '정의', 즉 올바름에 관한 것이야. 특히 위와 같이 어떤 것을 누구의 몫으로 하는 것이 옳은가와 같은 물음에 답하고자 하는 것이 바로 '분배 정의'라는 것이지.**

물론 분배 정의라는 것 말고도 다른 정의도 있단다. 여러 사람들이 아주 다양하게 정의를 나누어 놓곤 하지. 하지만 대체로 이러한 분류의 토대가 되는 정의관은 그리스의 철학자인 아리스토텔레스[06]라는 사람의 이야기를 소개해 줄게. 이 철학자는 정의를 크게 두 가지로 구분했어.

첫 번째 정의는 공동체 안에 있는 사람이라면 누구이건 상관없이 지켜야만 하는 올바름과 관련된단다. 즉 공동체 구성원 모두에게 요구된다고 해서 '보편적 정의'라고 부르기도 하지. 보편적 정의는 곧 법적

06 아리스토텔레스 :

BC 384년~BC 322년. 고대 그리스의 철학자.

정의라고도 할 수 있어. 어떤 공동체의 사람들에게 특정한 행동을 요구하는 법이 있다고 해보자고. 그 공동체 안에 사는 사람이라면 그 법을 지키지 않으면 안 되겠지? 누구라도 예외 없이 말이야. 〈임금님 귀는 당나귀 귀〉에서 임금님 귀에 대한 비밀을 절대로 이야기하지 말아야 했던 건 그 나라에 사는 모든 사람이었지. 남녀노소 불문하고 말이야. 물론 그 비밀을 발설하는 사람에겐 가혹한 형벌이 기다리고 있기도 했지. 그 나라 국민들에게는 그 비밀을 발설하지 않도록 한 것이 법이고, 그 법을 지키는 것이 그 나라 국민으로서는 올바른 것, 즉 정의로운 것이라고 이야기하는 것이 바로 법적 정의인 것이지.

길동이가 아버지를 아버지라고 부르지 못한 것도 결국은 조선의 법이 그렇게 되어 있기 때문이지 않겠어? 물론 아무도 모를 때, 아버지하고 길동이 둘만이 있을 때 길동이가 아버지를 아버지라고 부르는 건 아무런 문제가 없었겠지만 만약 길동이가 법을 무시하고 무턱대고 아무데서나 '아버지', '아버님', '아빠'라고 마구잡이로 부르는 건 법령을 어기는 것이 되고 죄로 다스려지는 것이야.

그런데 살짝 이상하지? 그게 어떻게 '올바른' 것이냐고! 물론 임금님의 마음을 헤아려서 이야기를 안 할 수는 있어도, 그런 걸 무슨 법이라고 사람들 입을 강제로 틀어막는 거냐고. 하고 싶은 이야기도 못 하게 하는데, 그게 어떻게 올바른 것이냐고. 그렇지? 자기 친아버지를 아버지라고 부르지도 못하게 하는데 그게 무슨 올바른 것, 정의로운 것이냐고. 안 그래?

그래, 그러니까 실제로 법적 정의와 관련해서는 법 자체의 올바름이 매우 중요한 문젯거리라고 할 수 있어. 제대로 된 법이 아니라면 그것을 지키는 것만을 곧 올바른 것이라고 할 수는 없으니까. 물론 아리스토텔레스는 형식적인 측면, 그러니까 특별한 사람들이 아닌 시민들 모두에게 요구하는 원칙이라는 의미에서 '보편적'인 정의라고 이름을 붙였을 뿐이야. 그 법의 옳고 그름에 대해서 논하는 것은 별도로 다른 이야기가 필요한 것이지.

그러니까 법적 정의와 관련해서는 이렇게 다시 이야기해보도록 하자. 무턱대고 아무런 법이나 마구잡이로 지키는 것을 이야기하는 것이 아니라, 올바른 법을 시민 모두가 예외 없이 지켜야 하는 것, 그것을 법적 정의이자 곧 보편적 정의라고 말이야.

빼앗겼으면 원래대로 돌려놓아야지

아리스토텔레스가 이야기하는 두 번째 정의는 '특수적 정의'라는 것이야. 한 국가 안의 모든 사람이 지켜야 하는 것이 아니라, 특수한 관계, 그러니까 친구끼리, 이웃끼리, 직장 동료끼리 아주 사적인 관계에서 지켜야 하는 올바름, 즉 정의가 바로 그것이지. 예를 들어서 형제끼리 음식을 갖고 다툰다거나 친구나 이웃끼리 돈을 빌려주고 돌려받는 사이

다툼이 벌어진다거나 할 때 따르게 될 원리와 관련된다고 할 수 있어.

근데 아리스토텔레스는 특수적 정의를 다시 교정적 정의와 분배적 정의로 나누었지. **교정적 정의라는 것은 누군가가 다른 사람의 것을 훔치거나 빼앗았을 경우 이를 다시 원래의 상태로 돌려놓아야 올바르다는 것**이야. 너무도 당연한 이야기이지? 그래 정의라는 것이 그렇게 너무도 당연한 것에 관한 것이야.

홍길동을 의적이라고 부르는 이유가 뭘까? 사실 따지고 보면 적賊은 도둑이란 뜻이야. 도둑은 누군가의 것을 빼앗는 사람을 일컫는 말이고. 어라? 뭐가 이상하지 않아? 남의 것을 빼앗는 건 올바른 것이 아니라며. 교정적 정의는 남의 것을 빼앗았을 때 원래의 주인에게 돌려주는 것이라며. 그러면 홍길동은 탐관오리들에게서 빼앗은 것을 탐관오리에게 돌려주었어야 하는 거 아닐까?

너무도 당연한 이야기를 하는 게 좀 그렇긴 하지만, 그럼에도 불구하고 홍길동을 의적, 즉 올바른 도적이라고 부른 것은 홍길동이 누군가의 것을 빼앗았다는 점에서는 도적이지만, 그것을 원래의 주인에게 돌려주었다는 점에서는 정의로운 행동을 한 것으로 평가하는 것이야. 그러니까, 홍길동은 정말로 교정적 정의가 실현될 수 있도록 행동한 거지. 그래서 의적, 즉 올바른 도적이라고 부르는 것이고.

아리스토텔레스의 특수적 정의와 관련해서 두 번째 정의가 우리가 맨 앞에서 이야기한 분배적 정의라는 것이야. 이 **분배적 정의는 누구에게 얼마만큼의 몫을 나누어 줄 것인가와 관련한 것**이야. 앞서 이야기한 교정적 정의에 비해서 분배적 정의는 조금 더 많이 우리 주변에서 일어나는 일과 관련되고 있지.

교정적 정의는 누군가가 다른 사람의 것을 빼앗거나 훔쳤을 때만 고려해야 하고, 그리고 그 답도 상대적이긴 하지만 그리 어렵지 않게 찾을 수 있지. 조금 단순하게 생각해서 얼마의 돈을 훔친 사람이 다시 그 돈을 원래의 주인에게 돌려주면 되는 것이니까.

그런데 분배적 정의는 그냥 일상생활 속에서도,— 아주 다양한 상황 속에서 깊이 있게 고민하지 않으면— 이를 적용하기도 해서 해결하기도 쉽지 않은 문제를 일으키지. 분배적 정의는 교실에서 좌석을 정할 때도, 음식을 나누어 먹을 때도, 회사에서 월급의 크기를 정할 때도, 심지어는 공원이나 고속도로 휴게소 같은 곳에서 남자와 여자의 화장실의 크기나 개수를 정할 때도 많은 고민을 안겨주는 문제라 할 수 있어. 왜냐하면 단순하게 관여된 사람들을 모두 똑같이 나누는 것이 좋겠지만, 자리를 배정할 때와 같이 모든 것을 동일하게 나누는 것이 불가능한 경우도 있고, 피자와 같은 음식을 동일하게 나누는 것이 오히려 정의롭지 못한 경우도 있거든. 뭐 화장실의 크기도 마찬가지지. 이를 나누어 갖는 사람들의 형편이나 상황이 다 다르므로 누군가는 다른 사람보다 더 많이, 그리고 다른 누군가는 더 적게 자신의 몫을 차지하는 것이 더 정의롭게 되는 것이거든. 앞의 동화 내용에서 공주가 누구와 결혼하느냐의 문제도 결국은 이 분배 정의와 관련된다고 할 수 있어. 근데 바로 이 점에서 분배 정의의 기본적 고민이 생기지. 과연 무엇을 기준으로 나누어야 모든 사람이 수긍할 수 있을까?

한 번 생각해 보자고. 홍길동이 탐관오리에게서 빼앗은 곡식을 정말로 백성들이 딱 빼앗긴 그만큼 돌려줬을까? 이야기 속에서는 얼마큼씩 돌려줬다는 내용은 없고, 그림만 몇 컷 나와 있지. 즉 사람들이 줄 서서 쌀가마를 지고 가는 정도밖에는 안 나와 있어서 도대체 얼마큼씩 나누어주었는지는 알 수가 없어. 하지만 분명히 짐작할 수 있는 건, 빼앗긴 딱 그만큼은 아니었다는 것이야. 그렇지 않겠어? 백성들마다 빼앗긴 양이 다 달랐을 텐데, 그걸 일일이 따졌다는 기록도 없고, 거기다가 그림에 나타난 바로는 모든 백성들이 줄 서서 그냥 마구잡이로 받아가는 풍경뿐이었으니까 말이야.

내가 그 백성 중 한 사람이었다고 가정해 볼까? 홍길동이 포도청 곡간을 열어서 백성들에게 나누어 준다고 하길래 냅다 줄을 서기 시작했어. 근데 내 앞에는 나하고 아주 친한 사람인 아무개씨가 있는 거지. 그런데 그 사람이 탐관오리에게 빼앗긴 재산이라고는 사실 아주 적은 양이었던 걸 내가 잘 알고 있었거든. 왜냐고? 원래 아무개 씨는 아주 게을렀기 때문에 탐관오리한테 빼앗길 재산이 없었던 게지. 근데 난 정말로 열심히 일해서 정말로 많은 곡식을 추수했는데, 이 나쁜 탐관오리가 몽땅 빼앗아 갔으니, 너희 같으면 열불이 나지 않겠어? 내 것을 찾는 것은 너무도 당연하지만, 그 아무개라는 놈은 처음부터 내 것이라고 할 것이 전혀 없었단 말이야. 그런데도 저렇게 버젓이 줄을 서서 배급을 받으려고 서 있으니 말이야.

물론 이렇게 생각할 수도 있어. 그게 무슨 열불을 낼 일이냐고 말이지. 아무개 씨가 줄을 서서 배급을 받는다고 해서 내가 내 몫을 못 받는 것도 아닌데. 그냥 상관하지 않고 지나치면 될 일을 괜히 크게 만들 필요는 없다고 말이지.

근데 정말로 상관없는 것일까? 그건 전혀 그렇지 않지. 그 아무개씨가 없었더라면 내가 빼앗긴 몫을 조금은 더 정확하게 되찾아 올 수도 있었을 것을, 그 사람이 중간에 가로채서 내 몫을 조금 덜 받게 되었잖아. 물론 그 아무개 씨가 딱 한 명이면 그냥 넘어갈 수도 있을 거라고 생각할 수 있지. 왜냐고? 별 차이가 없다고 생각할 수도 있으니까. 하지만 만약 그 아무개 씨 같은 사람이 줄 서 있는 사람들 중에서 거의 절반 가까이 된다고 생각하면 이야기가 달라지지? 그러니까 아무개 씨한 사람이라도 쉽게 넘어가서는 안 되는 거야.

그래! 당연히 정의로움, 즉 올바름을 이루려는 것은 매우 딱딱하고 냉철한 과정이야. 사람들끼리 따뜻하게 나누는 정 같은 것은 들어설 틈이 없지. 하지만 **올바름은 올바름이고 따뜻하게 배려하는 것은 배려하는 것**이 아닐까? 올바름을 이해하지 못하면 적어도 배려하는 게 무엇인지, 거꾸로 배려받는 것이 무엇인지 알 수도 없을 테니까 말이지.

자 그러면 이제 본론으로 들어가 볼까? 과연 어느 것이 우리 각자의 몫을 정하는 기준일 수 있을까?

02 | 내 것은 얼마만큼?

*개미와 배짱이 * 로빈 후드*

업적(기여한 정도)에 따라 분배하자고?

사실 앞의 동화에서 공주가 막내의 차지가 된 것에는 업적, 또는 기여도를 분배의 기준으로 삼아야 한다는 생각이 전제되어 있다고 할 수 있지. 그러한 결론이 정의롭다고 인정한 것에는 세 형제가 갖고 있는 보물들의 가치를 상대적으로 평가하고, 세 형제가 공주를 살리는 데 누가 가장 큰 역할을 했는가에 합의하고 있는 것이거든. 최종적으로 천리경과 마법 양탄자는 소멸하지 않고 남아 있지만 사과는 완전히 없어졌다는 점에서 막내의 기여도가 가장 큰 것으로 인정한 것이야.

사실 이러한 기여도에 따른 분배를 가장 정의롭다고 여기는 것은

내 손에 있으면 내 것인가? 내 것이어야 내 것이지!

154

우리가 모두 잘 알고 있는 〈개미와 베짱이〉 이야기에서 굉장히 상식 중의 상식인 것마냥 다루어지고 있어. 여름 내내 땀 흘려 일한 개미와 최선을 다해서 여름을 노래와 쉼으로 일관했던 베짱이가 겨울을 어떻게 보냈는지를 놓고, 근면 성실한 것이 정말로 정당한 자기 자신의 몫의 뿌리라고 이야기하고 있는 것이지.

그리고 사실 이와 같은 **기여도나 업적을 정당한 몫의 근거로 받아들이라고** 하는 것은 우리가 살고 있는 현실 세계에서 매우 큰 영향력을 갖고 있어. 대학교에 성적순으로 입학하도록 하는 것이나, 올림픽 같은 체육 경기에서 승자에게 큰 보상을 내리는 것은 모두 기여도나 업적을 중요한 것으로 판단하는 것이라 할 수 있지. 그리고 우리는 그것을 또한 너무도 당연하게 여기고 있고.

그런데 사실 이러한 기여도에 따른 분배를 정의로운 것이라고 간주하려면 몇 가지 조건들이 충족되어야 해. **우선 모두에게 동일한 기회가 부여된 상태에서 공정하게 경쟁할 수 있어야지.** 수학능력시험에 누구는 한 번만 볼 수 있게, 다른 누구는 세 번이고 네 번이고 볼 수 있게 만들어 준다거나, 누구는 아주 추운 곳에서 난방도 해주지 않고 보도록 하고, 누구는 온도도 적정하고 시험을 보기에 최상의 상태에서 보게 해준다면 당연히 그 결과도 공정하다고 보기 어렵겠지? 올림픽이라고 해 놓고서는 어떤 나라의 대표는 참석조차 불가능하게 만들어 놓는다면 1등을 진정한 1등이라고 할 수 있을까?

다음으로는 각자가 갖고 있는 능력이 같아야 하지 않을까? 단순히 백 미터 출발선을 맞춰주었다고 그 결과를 1등부터 꼴등까지 순서대로 구분하는 것만으로는 그것이 모두에게 균등한 기회를 준 것이라고 단정 짓기는 어렵지. 예를 들어 키가 150cm도 안 되는 사람하고 180cm가 넘는 사람을 동일한 선상에서 경쟁하도록 하는 것이 과연 균등한 기회를 보장했다고 할 수 있을까? 이미 태어날 때부터 누구는 대기업 회장을 아버지로 둔 상태로 태어나서 온갖 양질의 교육을 받고 태어난 사람하고, 노숙자의 아이로 태어나 아무런 지원도 받지 못한 사람하고 동일한 시험을 통해 대학에 들어가도록 하는 것이 과연 올바른 경쟁일까? 또한 그에 따른 합격이나 불합격이라는 결과적인 분배가 말뜻 그대로 공정한 기회 균등에 따른 분배라고 인정하기에는 다분히 논란이 생길 수 있다는 거. 그리 오래 고민하지 않아도 되겠지?

어때? 업적에 따른 분배를 충분히 정당한 것으로 인정하기 위한 조건들이 충족되기 쉬울 것 같아 아니면 어려울 것 같아? 그렇지? 쉽지 않겠지? 하지만 그럼에도 불구하고 업적에 따른 분배는 당연히 우리 사회에서 매우 강력한 상식이라고 할 수 있어. 잊지 말도록. ^^

사람에게는 '최소한의 필요한 만큼'이라는 게 있어!

하지만 우리 사회에서 업적이나 기여도만으로 무엇인가를 나누는 것은 아니야. 실제로는 **분배의 기준으로 필요를 강조하는 입장도 있어.** 앞서서 잠깐 이야기했던 홍길동 이야기로 돌아가 볼까? 아! 영국의 로빈 후드도 마찬가지다. 그들은 의적이라고 불렸었지?! 근데 다시 말하지만, 이 의적들은 옳을 의義자만 붙었다 뿐이지 사실 도적이야. 남의 것을 빼앗는 사람 말이야.

하지만 그럼에도 불구하고 이 사람들이 한 도둑질을 나쁘다고 손가락질을 하기 보다는 손뼉 치고 환호했어. 그것은 아마 그들이 목표로 삼았던 대상이 워낙 나쁜 일을 많이 한 사람으로 묘사되어 있기 때문이기도 하고, 그보다 더 중요한 것은 정작 그들이 빼앗은 물건을 자기 것으로 만들지 않고 백성들에게 나누어주었다는 점이지.

근데 생각해 봐. 이때 사람들은 자신들이 얼마나 많은 것을 탐관오리나 지방 관리들에게 빼앗겼는지를 묻지 않아. 홍길동이나 로빈 후드는 자신들이 창고를 습격해서 빼앗은 물건을 백성들에게 그저 똑같이 나누어줄 뿐이야. 그 백성들 중에는 농사나 목축을 했던 사람들도 있겠지만 어쩌면 동네를 떠돌던 거지들도 있었을 거야. 하지만 곡식 창고를 열고 이를 백성들에게 나누어줄 때는 그들의 신분이 누구였는지에 대해서는 전혀 언급이 없다는 점이야. 좀 신기하지 않아?

바로 이 점에서 주목할 게 있어. 탐관오리나 지방 관리들이 우리의 영웅들에게 혼쭐이 나기 전과 후의 백성들의 삶의 모습이 어떻게 그려지고 있는가 하는 것이지. 뭐 구구절절 묘사할 필요는 없지. 백성들은 헐벗고 굶주리다가 영웅들의 활약으로 그런 어려운 상황에서 벗어나게 된 것으로 묘사되어 있어. 우리가 이런 영웅들의 활약을 읽으면서 감동을 하거나 갈채를 보내는 것은 이러한 백성들의 삶을 올바르게 만들었다는 것에 있어. 그리고 이때 백성들에게 충족된 것은 다름 아닌 자신들이 살아가는 데 꼭 필요한 것이라고 할 수 있지.

물론 이러한 필요에 따른 분배 역시 우리 사회에서 의외로 많이 인정되고 있어. 간혹 병원에서 돈이 없는 누군가를 치료해주지 않아 결과적으로 그 환자가 죽게 되었다면 그 담당 의사를 맹목적으로 비난하곤 해. 물론 그러한 비난의 배경에는 아픈 사람은 마땅히 치료를 받아야 한다는 전제가 깔렸다고 할 수 있지. 바로 치료받는 것은 환자라면 당연히 보장받아야 한다는 것을 인정하는 것이지. 또 너희들이 대부분 아침에 눈뜨고 하루의 일과를 보내는 학교생활도 마찬가지야. 학교에 그렇게 가기 싫어도 의무교육이라는 핑계로 너희들을 학교로 밀어 넣는 것은, 사람이라면 어느 정도 최소한의 교육이 필요하다는 것을 전제로 하는 것이야. 정책적으로 최소 생계비를 책정해서 이를 기업이나 사업주가 지키도록 한다든가 하는 것도 이러한 인간으로서의 최소한의 필요를 보장하는 것이 중요하다는 것을 인정하는 것이라 할 수 있어.

하지만 이 역시 그리 간단한 문제가 아니야. 그 필요라는 것이 딱 떨어지는 것이 아니기 때문이지. 먹는 것에 관해서만 이야기해 봐도 알 수 있어. 하루에 삼시세끼만 먹을 수 있다면 필요가 채워지는 것일까? 만약 그렇다고 하더라도 단순히 굶어 죽지 않을 만큼의 끼니만 채워지면 인간으로서의 필요는 채워지는 것일까? 아니면 배가 부르기만 하면? 어떤 사람은 적어도 하루에 한 번 고기는 먹을 수 있어야 한다고 생각하는 사람도 있겠지? 교육과 관련해도 마찬가지야. 어느 정도 가르치면 그 학생이 우리 사회에서 최소한의 인간다운 생활이 가능할 수 있을까? 초등? 중등? 고등? 그리고 이때 가르쳐야 하는, 바꿔서 말하면 학생들이 살아가기에 꼭 필요한 학습 내용은 무엇이지? 많은 학생들은 수학은 절대로 그런 필요와 상관없다고 이야기할 수도 있겠지만 여전히 우리의 제도는 수학은 반드시 필요한 것으로 간주하고 있지.

이런 문제에도 불구하고 각자의 필요에 따른 분배를 올바르거나 정의로운 것으로 간주하는 것은 매우 상식적인 선에서는 대체로 동의하고 있는 것이라 할 수 있어. 〈의로운 형제〉 이야기 속에 나오는 다음의 이야기를 한 번 잘 곱씹어 보는 게 필요할 거야.

  형제는 쌀을 거두었어요. 그날 밤 집에 돌아온 큰 형은 곰곰이 생
각했어요. '아우는 이번에 장가를 갔으니 필요한 게 많을 거야!

내 손에 있으면 내 것인가? 내 것이어야 내 것이지!

160

03 | 합의에 따른 분배는?

피리 부는 사나이

그냥 우리끼리 정하면 안돼?

앞서 이야기한 두 가지는 어찌 보면 우리가 살고 있는 이 세계에게 가장 일반적이고 상식적인 선에서 인정되고 있는 분배 기준이라고 할 수 있어. 하지만 각각에서 이야기했듯이 두 기준 모두 근본적인 문제를 안고 있다고 할 수 있지. 물론 둘 중 어느 하나만을 절대적인 것이라고 강조하는 것도 우리의 상식과 맞지 않아. 그러면 어떻게 모두가 만족하는 정의의 기준, 즉 분배의 기준을 찾을 수 있을까?

만약 사람들끼리 합의할 수 있는 기준이 있다면 문제가 좀 더 쉽게 해결될 수 있지 않을까? 〈피리 부는 사나이〉라는 동화에서 피리로 쥐떼를 몰아냈던 사람이 아이들을 모두 피리로 홀려서 어디론가 데리고 가버린 것은 마을 사람들이 그에게 마땅히 주기로 한 돈을 주지 않으려고 했었기 때문이야. 피리 부는 사나이 스스로 자신의 몫으로 생각한 것은 결국 자신이 마을 사람들과 합의한 것을 당연한 것으로 간주했다는 것이지.

사실 어떤 결과적 몫이 관련된 사람들 간의 합의를 통해 결정되어야 한다는 것 역시 우리가 살고 있는 사회에서 매우 당연히 받아들여지는 상식 중의 상식이라 할 수 있어. 어떤 사람이 회사에 들어갈 때 연봉을 계약한다던가, 노동자와 사용자 간의 임금 협상을 통해 임금을 올릴지, 아니면 내릴지 결정하는 것 등. 아니 그보다 작게는 학급 친구들끼리 반티 디자인을 고를 때 어떤 디자인이 더 적합한지 모든 친구들의 의견을 모아서 결정하는 것 등이 바로 이러한 경우라고 할 수 있지.

그리고 많은 사람들이 그러한 의사 결정 과정을 통해 최종적으로 결정한 것은 매우 합리적인 결론이라고 단정 짓는 경향이 있어. 각자의 의사가 모두 반영되었기 때문에 그 결과를 놓고 어느 누구도 이러쿵저러쿵할 수 없다는 것이지. 물론 단순히 관련된 사람 모두의 의견이 어떤 식으로든 반영되었다는 것만 놓고 보면 그러한 상식이 크게 잘못인 것 같지도 않지. 그치?

합의만 한다면 다 괜찮다고?

그런데 합의를 통해 몫의 기준을 정할 수 있다는 주장에는 아주 복잡한 문제가 있어. 〈피리 부는 사나이〉 이야기를 다시 살펴볼까? 마을 사람들이 피리 부는 사나이에게 큰 금액을 주면서라도 계약을 맺을 수밖에 없었던 이유는 무엇일까? 마을 사람들에게 쥐떼는 정말로 큰 골머리였지. 쥐떼를 몰아내지 않고는 마을 안에서 사는 것이 어려울 정도로, 그러니까 근본적으로 사람들의 기본적인 생계조차도 유지하기 어려울 정도로 쥐떼는 마을 사람들에게 큰 문제였었지. 그리고 이야기를 좀 더 살펴보면 마을 사람들은 쥐떼를 없애기 위해 할 수 있는 모든 방법을 동원해보았다는 것이야. 쥐떼를 몰아내기 위해서는 피리 부는 사나이와 계약을 맺는 것 말고는 다른 대안이 전혀 없었다는 것이지.

반면 피리 부는 사나이는 그가 그런 재주를 어떻게 갖게 되었는지는 모르지만, 자신이 가진 재주로 얼마든지 계약을 자신에게 유리하게 끌어낼 수 있었다는 것이지. 결국 마을 사람들이 피리 부는 사나이의 활약으로 쥐떼가 다 없어진 다음에 정신을 차리고 보니 그 계약이 제대로 된 계약이 아니라고 생각하게 된 데에는 나름의 이유가 있었던 것이지. 어때 마을 사람들의 항변이 충분히 합당하다는 생각은 안 들어? 그래도 과연 이들이 자신들이 처음에 맺었던 계약을 그대로 이행해야 할까? 뭐 이에 대한 대답은 조금 이따가 내린다고 하고 좀 더 이야기를 해보자고.

앞서도 이야기했지만, 마을 사람들이 변심하게 된 데에는 자신들이 피리 부는 사나이와 맺었던 최초의 계약과정이 매우 부당했다고 생각했기 때문이야. 그리고 그러한 부당함의 이면에는 양측의 관계가 힘의 균형이 깨져 있었기 때문이 아닐까? 평등한 관계에서 계약을 맺지 않으면 그 계약이 힘센 사람에게만 유리하게 결정이 날 수밖에 없지. 다시 말해서 합의나 계약을 통해 누군가의 몫을 정해야 한다면 합의를 맺는 사람들이 매우 평등한 관계여야 한다는 것이야.

그리고 생각해 볼 것이 하나 더 있어. 계약을 맺으려는 사람이 매우 이성적인 상태여야 한다는 것이야. 당장 눈앞의 이익을 위해 큰 손해를 감수하는 사람은 적어도 이성적인 판단을 내릴 수 있는 사람이라고 할 수 없지. 당장 마을에서 쥐떼를 몰아내는 것 이외에는 아무것도 생각할 수 없을 만큼 궁지에 몰린 사람들이 피리 부는 사나이의 제안이 적정한 선인지 따지지 않고 무작정 도장을 찍은 행위를 과연 합리적이라고 할 수 있을까?

정리하자면 **계약이나 합의를 통해서 몫의 기준을 정하는 것이 정의로우려면 적어도 두 가지 조건이 충족되어야 해. 하나는 계약을 맺**

는 사람들끼리의 힘이 평등한 관계에 있을 것, 그리고 사람들 각자가 충분히 합리적인 판단을 내릴 수 있는 상태여야 한다는 것이지. 어 때, 이 두 가지 관점에서 봤을 때 쥐떼가 마을에서 사라진 다음에 마을 사람들이 피리 부는 사나이에게 했던 항변이 정당할 수 있다는 생각이 좀 들어?

물론 앞선 약속 자체를 지켜야 한다는 것만 이야기할 수도 있어. 하지만 지금 우리가 생각하는 것은 우리가 약속을 지켜야 하는가, 아니면 그렇지 않아도 되는가에 관한 것이 아니야. 누군가의 정당하고 정의로운 몫은 계약이나 합의를 통해서 결정할 수도 있다는 것에 관한 것이었어.

어때? 우리는 앞에서 정당한 몫의 기준으로 노력이나 필요 그리고 합의 등을 이야기했어. 하지만 살펴본 것처럼 어느 것도 충분한 근거라고 보기는 어렵지? 과연 어느 것이 가장 우선하는 것이어야 하는가에 대해서는 그리 간단한 답을 내릴 수는 없어. 하지만 답을 쉽게 내릴 수 없다고 '내 것', 그리고 '네 것'을 놓고 치열하게 다투는 현대 사회에서 이에 대한 근본적인 고민을 하지 않아서도 안 되지. 적어도 손해를 보고 살아서는 안 되지 않을까? 그러한 탐구를 위해서는 더욱 많은 공부와 사색의 과정을 밟아보는 건 어떨까?

우연이야? 필연이야? 아님 선택?

생각해보자 ◇◇◇◇◇◇◇◇◇◇◇◇◇◇◇◇◇◇◇◇◇◇◇

지금 눈앞에 많은 음식들이 준비되어 있다고 해보자고. 불고기도 있고, 피자도 있고, 파스타도 있고, 김치찌개도 있고. 어때 군침 돌지? 어느 것을 먹고 싶어? 물론 다 먹고 싶겠지? 하지만 그래도 손이 어느 것에 먼저 갈 수밖에 없잖아. 어때? 어느 것을 먼저 고를 거야? 한 번 골라 볼래? 골랐어? 왜 그걸 골랐는지 한 번 이야기해 볼래? 아마 이런 답들이 가능하겠지? '제일 가까운데 놓여 있어서.' '괜히 땡겨서.' '평상시에 자주 먹던 거라서' 등등. 그러면 그게 정말로 나의 의지에 따른 선택일까? 아니면 그걸 선택할 수밖에 없었을까? 만약 내가 선택한 것처럼 보이지만 무의식 중에 그럴 수밖에 없는 이유가 분명히 있다고 한다면 무엇인가를 나의 의지대로 선택한다는 것이 과연 가능할까?

01 | 유리구두가 벗겨진 게 우연일까?

신데렐라

만약에 구두가 벗겨지지 않았었더라면?

〈신데렐라〉 이야기를 볼 때 너희들은 어떤 느낌이 들까? 부러움? 행복감? 통쾌함? 난 그중에서 하나 고르라면 아마 부러움이 가장 컸던 것 같아. 너희들은 어떨지 모르겠구나. 뭐 어떤 감정이건 그거야 너희들이 동화를 읽으면서 각자가 갖는 감정이니까 정답이 있는 건 아니고….

근데 너희는 궁금하지 않니? 왜 요정은 신데렐라에게 유리로 된 구두를 신겼을까? 단순히 그것이 예뻐서? 아니면 유리가 귀한 시절이었기에 귀한 존재임을 부각시키려고? 눈에 띄게 하려고? 어떤 이유라도 다 나름 그럴듯해 보여. 그리고 그 이유라는 것들이 참으로 신데렐라에게 좋은 것이라는 거지. 그리고 이야기에 빠지다 보면 아쉬운 부분이 참 많아. 왜 요정은 그런 멋진 인생을 계속 살 수 있게 해주지 않고 딱 열 두 시까지만 한정 지었을까? 아니 아예 처음부터 왕자의 마음을 사로잡아서 신데렐라와 바로 결혼하도록 했으면 좋지 않았을까? 등등 그렇게 되면 너무 이야기가 단조롭겠지? 하지만 어쨌든 〈신데렐라〉 이야기를 보고 있노라면 그런 생각이 종종 들고는 했지.

근데 정작 그 구두는 치명적인 단점을 몇 개 가지고 있어. 한 번 생각해 보자고. 유리로 된 구두를 '내'가 신었다고 말이야. 우선 많이 아플 것 같아. 뒤꿈치도 까지겠지? 아마 걸음걸이도 예쁘지 않을 거야. 뭐 이런저런 불편한 것이 많이 있겠지만 앞으로 이야기하게 될 두 가지는 신데렐라가 왕자와 결혼하게 되기까지 아주 중요한 역할을 하게 된다고 할 수 있어. 하나는 어떻게 신어도 그건 처음에 맞춰놓은 사람의 발에만 맞는, 그러니까 신축성이라고는 전혀 없는 신발이라는 것이고, 다른 하나는 아무리 신데렐라의 발에 맞춤이라고 하더라도 뒤꿈치에서 신발이 미끄러지지 않게 만들어주는 말랑말랑한 고무 같은 것을 대지 않았다면 훌러덩훌러덩 쉽게 벗겨질 수밖에 없었다는 것이지.

만약에 계모나 새언니들의 성품이 착했었더라면?

근데 이 두 가지는 이후 신데렐라의 인생에서 매우 중요한 원인으로 작용하게 된다고 할 수 있어. 만약에 신데렐라가 파티에 참여했다가 뛰어나오면서 신발이 벗겨지지 않았었더라면? 만약에 벗겨진 구두가 신축성이 있어서 웬만한 크기의 발을 지닌 사람도 적당히 구겨 넣어 신고는 자기 신발이 틀림없다고 우겼다면? 아마 모르긴 몰라도 신데렐라는 왕자와 결혼하지 못했을 거야. 그러니까 **신데렐라의 행복은 결국 요정이 만들어준 구두가 유리였기 때문에, 아니 유리였을 때라야만 가능한 일이라고 생각해 볼 수 있는 것이지.**

뿐이겠어? 이런 생각도 해볼 수 있지 않을까? 만약에 신데렐라의 외모가 왕자가 좋아하는 스타일의 아름다움을 갖지 않았었더라면? 만약에 신데렐라가 계모나 언니들로부터 구박을 받지 않았었더라면? 요정이 신데렐라를 도와줄 일도 없었을 것이고, 왕자는 파티에서 신데렐라와 춤을 추려고 하지 않았을 것이고, 설령 춤을 한 번 추었다고 신데렐라의 유리구두가 벗겨져서 계단에 뒹굴고 있었더라도 유리 구두 주인을 찾으려고 하지도 않았을 것 아니겠어?

생각이 이쯤 되면 신데렐라가 그 힘든 성장과정을 거친 것도 계모나 언니들에게 괴롭힘을 당한 것도 나쁘다고 할 수는 없지 않을까? 왜냐고? 그런 과정이 없었더라면 신데렐라는 한 나라의 왕비가 될 수 없었을 테니 말이야. 어쩌면 그 사람들이 아주 나쁘고 못된 성품을 가졌다고 할 것이 아니라 모두가 신데렐라의 휘황찬란한 결말을 위해 그런 역할을 맡은 것이라고 이해할 수도 있을 거야.

02 | 모든 것이 필연적이라고?

신데렐라

원인 없는 결과 없고, 결과 없는 원인 없다

어때? 그럴듯하지? 이렇게 우리 주변에서 벌어지는 모든 일에는 그일이 벌어질 수밖에 없는 선행하는 원인이 있기 때문이고, 그것을 우리는 '필연'이라고 해. 이와 반대로 아무런 원인 없이, 혹은 납득할만한이유 없이 어떤 사건이 벌어졌다면 그것은 '우연'이라고 하는 것이고.

사실 어떤 사건을 우연적인 것으로 단정짓는 것은 참으로 조심스러워. 그리고 실제로 우리가 우연이라고 생각하는 많은 사건들도 실제로는 우리가 알아채지 못했을 뿐, 필연적으로 일어날 수밖에 없었던 것인 경우가 훨씬 많을 거야. 그렇다면 우연이라고 생각했는데 실제로는 필연인 게 어떤 경우냐고? 예를 들어볼까? 길거리를 가다가 갑자기 교통사고가 났다고 생각해 보자고. 그건 우연일까 필연일까? 길 가는 사람 중 자신이 가야하는 길과 그 길을 걷고 있는 자기 자신에게만 관심 있는 사람은 난데없이 차가 돌진한 것으로 이해하겠지.

그런데 정말 그럴까? 만약 그 사람이 자신이 걷는 길과 관련된 '모든' 정보를 미리 알고 있었다면 교통사고가 날 수밖에 없다는 것도 알 수 있지 않았을까? 그래서 스피노자 07 라는 철학자는 순간의 경험을 벗어나서 영원의 관점에서 현재를 보면 세상이 필연적인 사건들의 연쇄라고 했어.

물론 이런 필연적 세계관은 동서를 막론하고 매우 자주 등장하는 철학적 관점이야. 방금 이야기한 스피노자는 물론이거니와 서양에서는, 아주 오래도록 세계를 마치 기계와 같은 것으로 믿어왔던 사고방식의 바탕에는 이러한 필연에 대한 굳건한 믿음이 자리 잡고 있다고 할 수 있지. 불교에서, 세상의 모든 것은, 그런 것이 벌어질 만한 충분한 원인과 조건이 충족되어서 나타나는 것이라고 말하는 연기설 08 도 이 중의 하나이지.

벌어질 수도 있는? 벌어질 수밖에 없는!

그런데 우리 세상에서 벌어지는 모든 일에 우연이란 것이 비집고 들어갈 틈이 없다면, 어쩌면 앞으로 일어나게 될 미래의 일들을 정확하게 예측할 수 있어야 하지 않을까? 마치 자판기 앞에서 동전을 넣고 원하는 음료의 버튼을 누르면 사출구에서 그 음료를 손에 쥘 수 있게 되리라는 믿음처럼 말이야. 우리 주변에서 일어나는 많은 일들이 어떻게 작용하고, 그러한 작용하는 힘들이 모이면 어떤 상황이 펼쳐지는지 예측할 수 있는 건 너무도 당연한 일이지.

물론 그 역으로도 가능하지 않을까? 특정한 결과를 얻기 위해 어떤 원인을 조작하면 되는지 미리 알 수 있다면, 자신이 생각하는 상황을 위해 취해야 할 행동을 적절하게 선택할 수 있을 거야. 마치 〈신데렐라〉 이야기에서 요정이 그랬던 것처럼 말이야. 요정은 굳이 안 그래도 되는데 자신의 마법을 12시까지만 통하도록 만들어 놓았고, 굳이 안

07 스피노자 :

스피노자 바뤼흐Spinoza Baruch. 네덜란드 유대계 철학자 (1632 ~ 1677) 야.

08 연기설 :

부처님께서 깨달음을 구한 것 중 가장 특징적인 것이 연기의 법칙이야. 연기란 인연생기因緣生起 의 준말로 모든 것은 인연 따라 일어난다는 것인데, 일체의 현상을 원인과 그에 따르는 결과의 법칙이 작용한다고 했지. 즉, 존재하는 모든 것은 상관관계 속에 놓여 있다는 말이야.

그래도 되는데 유리 구두만큼은 마법이 풀리지 않게 해 놓았었어. 그러한 선택이 '필연적으로' 신데렐라가 왕자와 결혼하게 될 것이라는 것을 알고서 그랬던 것처럼.

근데 여기서 문제가 좀 생겨. **정말로 모든 것이 원인과 결과의 연쇄로 묶여 있는 것이라면, 우리가 이를 이용해서 어떤 결과를 의도하려는 의지조차도 그와 같은 필연 속에 있어야 하는 것은 아닐까?** 바꿔 말하면 내가 어떤 것을 의도하는 것마저도 어떤 원인에 의해 필연적으로 그렇게 될 수밖에 없었다고 이해해야 맞는다는 거지. 그런 주장을 하는 사람들은 인간들의 구체적 선택이나 성향들을 유전적인 것으로 환원시켜서 이해하거나 환경적인 성장 과정에 그와 같은 선택을 일으키도록 만드는 요인이 있다고 이해하지. 조금 무서운 이야기지? 마치 내가 전적으로 나의 의지에 따라 어떤 것을 선택했다고 생각했는데, 그게 내 의지대로가 아닌 어떤 것을 선택하도록 결정되어 있었다고 주장한다는 사실이 말이야.

물론 이러한 주장이 완전히 틀렸다고 할 수는 없어. 이미 밝혀진 과학적 성과들은 앞서 이야기한 유전자라던가 환경같은 것이 한 사람의 성장에 얼마나 큰 영향을 끼치는 것인지 밝혀 주었으니까. 하지만 많은 사람들은 인간의 선택조차 필연들의 완전한 연쇄로 이해하는 것에 동의하지는 않아. 더군다나 그것을 정말로 그렇게만 이해한다면 아주 심각한 문제에 빠질 수도 있어.

모든 것이 잘 짜인 이야기 속 요소에 지나지 않을 뿐이라면 거기에 좋고 나쁜 것이라는 가치판단을 내릴 수가 없게 되거든. 즉 신데렐라를 잡아먹지 못해서 안달이 난 듯 보이는 계모나 언니들을 나쁜 사람이라고 매도할 수 없게 되는 것이지. 필연의 세계관에서 이해한다면 그들의 행동 하나하나가 신데렐라의 휘황찬란한 결말을 위해 아주 중요한 계기가 되는 것이었으니까. 물론 요정에게 고마워하거나 감사할 필요도 없지. 요정의 행동도 언니들의 행동과 역할이 달랐을 뿐 필연적 결말을 위해 반드시 필요했던 것일 뿐이 되니까. 결국 요정의 도움에 대해서 이런 저런 가치판단을 내리는 것 자체가 의미가 없는 것이야.

03 | 운명에서 벗어날 수 없다고?

미운오리새끼

송충이는 솔잎을 먹어야지!

아마 이런 결론을 흔쾌히 받아들일 사람은 없을 거야. 앞의 이야기대로라면 우리는 이디아민이나 히틀러 같은 독재자들조차 비난할 수 없게 되기 때문이지. 하지만 그런 결론을 인정하는 것은 심리적으로 용납하기 싫지? 당연히 용납할 수도 없고.

문제는 우리에게 선택의 여지가 있느냐 하는 것이지. 어때? 우리는 어떤 선택을 하도록 결정된 것일까? 아니면 아무런 결정도 내려진 것이 없을까? 앞서 살펴본 대로 아무런 결정도 내려진 것이 없다고 단언하기에는 유전자나 환경이라는 것을 무시하기 어렵고, 그렇다고 우리의 선택이 아무런 의미가 없다고 이해하기에는 상식이 거부하고. 참 어렵다, 그치?

앞의 이야기를 조금 다시 생각해 볼까? 우리는 어떤 원인으로부터 어떤 사건이 당연히 결과지어진다는 것을 '필연'이라는 이름으로 불렀어. 그런데 그러한 필연은 대체로 인과법칙적인 사건들의 연쇄를 함축하는 표현이지. 이와 비슷한 단어로 운명이란 것이 있어. 이 운명이란 것은 결정된 것이란 뜻을 지닌다는 점에서 필연과 매우 비슷한 뜻으로 쓰이긴 하는데, 사실은 많이 달라. 우선 운명이란 개념은 다른 자연물에 대해서는 잘 사용하지 않아. 그리고 인과적인 연쇄를 함축하고 있는 단어도 아니야. 절대자나 하늘과 같은 거대한 힘, 초월적인 힘에 의해 전체적으로 규정되거나 제시되는 삶의 방향이 있다고 생각하는 것이 운명이란 단어야.

〈미운오리새끼〉 이야기 알지? 미운 오리가 스스로를 오리가 아닌 백조로 이해하고 하늘로 훨훨 날갯짓해서 올라가던 그 순간을 생각해 보자고. 날 때부터 스스로를 오리로 알고 있던 '미운 오리'가 백조로써 자신을 자각하는 순간이야말로 운명과 마주하는 순간이라 할 수 있어. 스스로 오리가 아닌 백조로서의 삶을 살아야 하는 운명에 처해 있음을 인정하고 받아들이게 되는 순간이지.

운명론은 특정한 사람이 어떤 삶을 살아야 하는지를 고민할 때 자

신에게 주어진 역할, 자신이 세상에 태어난 이유, 온 우주를 통틀어서 다른 사람이 아닌 자신만이 감당할 수밖에 없는 어떤 책임이 있다고 생각할 경우 운명론적 관점에서 그런 것이라 말 할 수 있어.

하지만 속 후련한 깨우침의 순간은 사실 쉽지 않아. 오리나 백조 차원에서 이해할 수는 없지. 더군다나 자기 눈앞에 운명이라는 이름으로 요구되는 것들이 자신의 욕구나 욕심에 비해 한없이 작은 것인 듯 보일 때는 그런 갈등이 더 심해지지. 우리의 '송충이는 솔잎을 먹어야 해'라는 속담이 바로 그런 처지를 알려주는 것이라 할 수 있어. 스스로를 나비 애벌레로 착각하지 말고 송충이에 지나지 않는다는 것을 운명처럼 받아들이고, 그에 걸맞은 삶을 살라고 요구하는 것이 바로 이 속담의 속뜻이라는 건 잘 알고 있지? 근데 문제는 내가 송충이라는 것을 이해하고 인정한다면 아무런 문제가 없는데, 여전히 스스로가 나비 애벌레라고, 나비로의 변태를 꿈꾸는 자신이 진정으로 자신에게 주어진 운명이라고 철석같이 믿고 있다면 사태는 더욱 심각해지지.

운명과 선택

다시 우리의 고민으로 돌아가 볼까? 우리의 문제는 '세상에서 일어나는 모든 일이 우연이란 것이 끼어들 틈이 없는 필연에 의한 것이라면, 우리가 어떤 것을 선택한다는 것조차 불가능한 일일까?'라는 거였어. 이제 운명까지 엎친 데 덮친 격으로 선택이란 것을 인정하기가 참으로 어려운 상황인 듯 보이지?

우리에게 과연 어떤 것을 선택할 수 있는 기회가 있기나 할까? 앞선 모든 이야기들을 백 퍼센트 인정한다고 해서 그런 선택조차 불가능하다는 결론이 바로 도출되는 것은 아니야.

필연과 관련해서 생각해 보면, 만약 우리가 어떤 결과를 필연적으로 야기할 수 있는 모든 정보를 알았다고 해보자. 그리고 더해서 나의 유전적 요인과 성장한 환경, 심지어는 습관적인 성향조차 모두 파악하고 있다면 우리는 '의도적으로' 이를 피할 수도 있다고 생각하는 것이 우리의 상식에 더 맞지 않을까? 이러한 생각은 운명과 관련해서도 마찬가지라 할 수 있어. 아무리 우리에게 어떤 운명이 주어졌다고 한들, 운명을 거부해선 안 된다고 요구하는 것과 운명을 거부할 수 없다고 주장하는 것은 다르지.

설령 필연이나 운명에서 벗어날 수 없다고 해도 우리에게 선택의 여지가 남아 있지 않다고 할 필요는 없어. 너희가 어떤 일이 필연적으로 일어날 것이라고, 확실하게 알고 있다고 해보자. 물론 그것이 거기서 벗어나거나 도망칠 수도 없다는 것도 동시에 알겠지? 그러면 이렇게 마음먹는 것은 어떨까? 그러한 일이 어차피 일어날 일이니까 아예 그러한 결과를 당연한 것으로 인정하거나 열렬히 환영하는 것 말이야.

그러한 일을 어쩔 수 없이 체념하듯 받아들이는 것과 내 마음을 다해 진심으로 환영하는 것은 다르겠지? 전자는 내가 선택했다고 말할 수는 없지만, 후자는 그러한 결과를 내 마음을 다해 선택했다고 말할 수 있을 거야. 동화에서는 엄지공주가 스스로의 삶에 회의를 느끼고 도망쳤지만, 만약 엄지공주가 자신이 처해 있는 상황을 적극적으로 긍정적으로 인정하고 자신이 속해 있는 곳에서 어떻게든 살아가도록 결심했다면 그것 역시 하나의 선택이라고 할 수 있는 것과 마찬가지인 것이지.

이 책을 읽는 너희들에게 아마도 각자에게 걸맞은 삶의 운명이 있다고 생각해 보자고. 운명이라는 단어가 너무 무거우면, 적어도 앞으로 자기 스스로에게 필연적으로 결정된 것처럼 보이는 삶이 있다고 상상해 보자고. 아니 어느 정도는 인정할 수밖에 없다고 그랬던 말 기억하고 있지?

이런 운명을 인정한다면, 어떻게 하는 것이 더 좋은 오늘을 채우도록 해주는 것일까? 아마 지금부터 그러한 운명이, 그리고 결정된 듯 보이는 자신의 내일이, 어떤 것인지 기대하는 마음으로 탐색해 보자고. 또한 그런 삶을 보다 빛나는 것으로 만들기 위해 아니면 더 훌륭한 또 다른 삶을 살기 위해 생각해 보자. 지금 선택해야 할 것이 무엇인지 고민하고 또 실천에 옮겨가는 것이야말로 우리가 할 수 있는 일이 아닐까? 우린 인간이니까 말이야.^^

감시와
보살핌의 차이

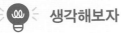

생각해보자

너희들 CCTV라는 거 알지? 요즘은 경찰 같은 공공기관에서 설치하는 것 말고도, 아파트 관리사무소에서도, 그리고 심지어는 거의 모든 차를 운행하는 사람들도 CCTV를 설치하고 있지. 정말로 필요해서 말이야. 그런데 그런 CCTV를 설치하는 사람들은 어떤 목적으로 설치하는 걸까? 시민이나 주민을 보호하기 위해서일 수도 있고, 자신의 재산을 보호하기 위해서일 수도 있겠지. 아! 집에 있는 강아지나 어린 자녀들을 살피기 위해서 설치하는 CCTV도 있다. 그러면 어디 한 번 오늘 하루 종일 여기저기 다니면서 너희들을 찍는 CCTV 개수가 얼마나 되는지 조사해볼래? 뭐 일설에 따르면 하루에 한 200개 정도라고는 하는데, 각자가 하루 종일 한 번 살펴봐. 아마 엄청나게 많을 거야. 그리고 한 번 생각해볼래? CCTV들을 보면서 느낀 점부터 먼저 적어보고. 그런 CCTV가 너희들의 일거수일투족을 살피는 것을 확인하면서 정말로 그런 장치들이 필요한 것인지 말이야. 필요하면 어떤 점에서 그러한지, 만약 불필요하다면 어떤 점에서 불필요한 것인지 말이야.

01 | **간섭인가, 보살핌인가?**

콩쥐 팥쥐

피하고 싶다. CCTV

요즘 영화나 드라마를 보다 보면 CCTV가 우리 주변에 정말 많이 달려 있다는 걸 알 수 있어. 하루에 한 사람이 찍히는 CCTV가 약 200개 정도에 이른다는 기사가 나기도 했었지. 아파트 같은 건물에 달린 건 당연하고 요즘은 거의 모든 차마다 블랙박스를 장착하고 있으니까, 다 포함하면 그 숫자가 어마어마할거야.

근데 CCTV는 양날의 검처럼 아주 상반된 평가를 받고 있다는 거 아니? 설치하는 입장에서는 자신에게 닥칠, 혹은 주변에서 벌어지고 있는 일들을 소상히 기록해 놓는다는 걸 강조하지만, 그 CCTV에 자신의 의사와 무관하게 무작위로 찍히는 사람 입장에서는 매우 기분이 나쁘다는 거야. 즉 감시가 필요하다는 사람과 감시가 불편하다는 사람의 차이라고나 할까.

감시를 강조하는 사람들은 수많은 범죄를 해결하는 데 도움을 주고 있는 기계의 장점을 자꾸만 부각시키려고 하고, 감시를 불편해하는 사람들은 그로 인해 침해당하고 있는 자신의 기본적 권리를 강조하는 것이지.

아! 그런 입장에 대해 죄지은 사람이 아니면 뭐가 그리 켕겨서 불편해 하느냐고 말할 수도 있을 거야. 하지만 자신과 전혀 상관없는 어떤 사람이 자신의 사적인 삶의 모습을 자신의 동의도 받지 않은 채 기록하고 있다는 것은 분명 권리의 침해인 것만은 분명하지. 그런 기록이 누군가에게 악용되어 사용될 수도 있고 말이지. 그러니까 혹시라도 범행을 의도하거나 계획하고 있는 사람들만이 CCTV 설치에 반대한다는 생각은 하지 않았으면 좋겠어.

그런데 CCTV를 보살핌이라는 훨씬 더 적극적인 의도로 사용하는 사례도 많아. 집에서 주인을 하루 종일 기다리는 강아지를 보살피기 위해서, 심지어는 집에서 자신의 아이를 돌보는 아주머니와 아이의 상태에 어울리는 보살피는 방법 등에 대해 보다 손쉽게 소통하기 위해서 CCTV를 설치하는 집안이 늘어나는 추세지.

그런데 우리 동화에도 그런 CCTV와 같은 기능을 차용해서 이야기를 풀어간 사례들이 있어. 〈콩쥐팥쥐〉 이야기에서 콩쥐의 어려움을 소나 두꺼비, 선녀와 새떼 등이 도와주고 있는 상황을 보면, 이건 영락없이 누군가가 지켜보다가 급 도움이 필요한, 딱 바로 그때거든. 나무로 된 호미로 김을 매고 있었더니 하늘에서 홀연히 소가 나타나 도와주질 않나, 밑 빠진 독에 물을 길어 채우려 애쓰는 데 난데없이 몇백 년 묵은 두꺼비가 빠진 밑을 채워주질 않나, 어디 그뿐이야? 어마어마한 양의 베짜기와 함께 콩껍질 벗기기 미션을 수행해야 할 때 갑자기 하늘에서 선녀가, 그리고 난데없이 새떼가 나타나서 순식간에 일을 끝마칠 수 있도록 도와준 것은 그들이 콩쥐를 계속 지켜보고 있어야만 가능한 일이란 말이지.

그러니까 결국 콩쥐의 일상은 그들이 꾸준히 살펴보고 있다고 할 수 있지 않을까? 이야기를 볼 때는 콩쥐의 힘든 삶에 감정 이입이 되어 있었기 때문에 '참으로 다행이다', '콩쥐가 고생하지 않게 돼서 정말 좋다' 뭐 이런 마음이 컸기 때문에 과히 신경이 쓰이지 않았었을 거야. 그렇지 그런 도움 자체는 참 좋아. 그런 도움이 나쁘다고 이야기하고 싶은 마음은 전혀 없어.

하지만 그런 도움을 적절하게, 그것도 아주 정확하고 적당한 때에 줄 수 있으려면 꾸준히 관심을 갖고 살펴보는 누군가가 있어야 하지 않겠어? 물론 아주 어리고 연약한 사람을 돌보기 위해 엄마가 눈을 떼지 못하는 상황을 이야기하려는 건 아니야. 그건 너무도 당연하니까. 그런데 콩쥐는 그보다는 조금 많은 나이지. 이야기에서 콩쥐 아빠가 재혼하는 시기를 14살로 묘사하고 있고, 앞서 말한 사건들이 나열되다가 나중에는 혼인까지 하는 것으로 이야기가 전개되고 있는 것을 보면 그런 엄마의 보살핌이 필요한 나이라고 말하기에는 좀 과하게 많지?

급훈 : 엄마가 보고 있다!

어때? 모르긴 몰라도 지금 이 글을 읽고 있는 너희들과 비슷하거나 너희보다 조금 많은 나이 아닐까? 그러면 한 번 생각해보자고. 너희들의 일상을 낱낱이 살피는 누군가가 있다면, 그걸 곧이곧대로 좋은 의도라는 것을 알고 있다면 고분고분 인정할 수 있겠어? 어느 교실에 써 있는 급훈 중에 '엄마가 보고 있다'라는 글이 있다고 하는데, 정말로 너희가 등교하는 그 시간부터 학교에서 공부하고 친구들하고 노는 모든 시간, 엄마가 보고 있다면 과연 너희들은 콩쥐처럼 기쁘고 감사하게 생각할 수 있을까? 과연?^^

02 | 감시가 아닌 보살핌의 조건

피노키오

보려고 하는 자, 피하려고 하는 자

동일한 상황이더라도 어떤 것이 **감시냐 보살핌이냐 하는 것은 양쪽의 의도로 판가름 할 수 있을 것** 같아. 우선 살펴보는 입장에서 누군가가 나쁜 짓을 하지 못하도록 방지하는 것이 목적이라면 그건 감시를 위한 것이 되겠지. 하지만 그 대상이 불편하거나 불안한 상황에 빠지지 않도록 하기 위해서라면 보살핌이라고 말할 수 있을 거야. 그리고 살핌을 받는 입장에서는 상대가 자신의 삶을 침범한다고 생각하면 감시라고 느낄 것이고, 도와준다고 생각하면 보살핌이라고 느끼겠지.

근데 문제는, 상대는 자신을 보살피려고 하지만 당사자는 감시라고 느끼게 되는 경우가 많다는 것이지. 도대체 이런 문제는 어디에서 생기는 것일까? **감시와 보살핌에 대한 또 다른 차이는 대상에 대한 서로 다른 이해와 관련해서 생각해 볼 수도 있어.** 감시가 필요한 사람하고 보살핌이 필요한 사람이 다르다는 것이지. 감시는 나쁜 행위를 하기 쉬운 사람, 혹은 부정적인 피해를 끼치기 쉬운 사람이 그 대상이 될 것이고, 보살핌은 혼자만의 힘으로 어떤 어려운, 혹은 어렵다고 생각되는 상황을 해결하지 못할 것이라고 여겨지는 사람이 그 대상이 되겠지.

〈피노키오〉 이야기 알지? 거짓말을 밥 먹듯이 하던 피노키오에게 어느 날 요정이 나타나서 마법을 걸어 놓지. 아마 피노키오의 삶을 그 요정이 꾸준히 보고 있었던 거야. 피노키오에게 생명을 불어 넣어준 요정이 피노키오가 착하고 용기 있다는 걸 보여준다면 사람이 되도록 해준다고 약속한 것은 앞으로 계속 피노키오의 행동을 살펴보겠다는 것을 드러낸 것이거든.

문제는 피노키오가 거짓말이라는 부정적 행동을 지속적으로 했다는 것이지. 요정이 피노키오의 삶을 지켜보던 것이 어느 순간부터는 감시가 되었다고 보는 게 맞을 거야. 거짓말을 또 하나 안 하나 살펴야 했을 테니까. 그리고 더 이상 참지 못한 요정이 나타나서는 거짓말을 하면 코가 길어지게 되는 마법을 걸어 놓았던 거야.

보살핌이 필요한 이유

하지만 콩쥐는 부정적인 행동을 일삼던 사람이 아니었기에 보살핌이었다고 이해하는 것이 더 맞을 거야. 그리고 벌을 받은 것도 아니고 오히려 도움을 받았으니까. 그런데 〈콩쥐팥쥐〉 이야기를 읽으면서 아주 어릴 때부터 느꼈던 의문 하나, 콩쥐는 왜 독에 구멍이 뚫렸다는 것을 몰랐을까? 그것도 그냥 금이 가서 새고 있던 것도 아니고 손가락 하나 드나들 정도로 큰 구멍이었는데, 아니 설사 그런 구멍이 눈에 보이지 않았더라도 아침부터 진종일 목이 빠질 만큼 물을 길어 날랐는데 독에 물이 차지 않는다면 응당 왜 그런지 살펴보는 게 일반적인 게 아닐까? 원문에는 아예 콩쥐를 '속기 잘하는 사람'으로 묘사하고 있어. 이쯤되면 적어도 당사자인 콩쥐는 누군가에게 감시당하고 있다는 '불손한' 생각은 절대로 하지 않았을 거야.

어때? 이 정도 품성에 이 정도 '순진한' 사람에게는 보살핌이 정말로 필요할 것 같지 않아?

그리고 보살핌이 필요한 이유 하나 더! **보살핌은 상대를 못 믿기 때문이기도 하지만 그 상대가 처해 있는 상황을 못 믿기 때문이기도 해.** 외다리를 아장아장 건너고 있는 아이의 손을 잡아야 하는 건 아이의 다리 힘이 불안한 것도 있지만 외다리 위라는 상황자체도 문제거든. 문제는 외다리는 스스로 올라간 것이지만 한 사람이 성장해 가면서 처하게 되는 상황들은 자신의 의도와 무관한 것이 거의 대부분이기 때문이야. 즉 당사자의 눈에는 잘 보이지 않는 위험이 도처에 널려 있거든. 그러니 '그 사람'을 아끼는 누군가는 그를 보살피기 위한 많은 방법을 동원할 수밖에 없는 것이지.

콩쥐가 새엄마와 언니들을 만난 것은 자신의 의도와는 전혀 무관했지. 물론 그 새엄마나 언니들의 악한 품성을 원했던 것은 더더군다나 아니고. 뭐 아예 처음부터 콩쥐를 낳을 때 엄마가 돌아가신 건 콩쥐로서는 정말로 어쩔 수 없는, 그냥 벌어진 일인 거잖아. 그러니 콩쥐는 태어나고 성장하면서 정말로 초월적인 힘에 의해서라도 보살핌이 필요한 사람일 수밖에 없지 않았겠어?

그러면 앞서서 이야기한 갈등의 원인이 조금 분명해질 수 있을까? 아마 누군가는 보살핌의 대상이라고 생각하고, 누군가는 스스로가 보살핌의 대상이 아니라고 생각하는 것이, 그런 차이를 가져오는 것이야. 그리고 그런 생각의 차이에는 당사자가 모든 상황을 스스로 조절할 수 있다고 여기는 것이고, 다른 누군가는 당사자가 고려하거나 생각하지 못하는 상황이 발생할 수도 있다는 것을 잘 아는 것이고.

| **자유 아니면 간섭이라고?**
보살핌 속에서 누리는 자유라고!

콩쥐 팥쥐

자유와 방종은 달라

　그러면 이 문제를 어떻게 하면 해결할 수 있을까? 이 문제에 답하기 위해서는 조금 다른 이야기가 먼저 필요할 듯해. 그게 뭐냐고? 자유. 모든 사람들이 정말로 원하는 '자유' 말이야. 사실 보살핌조차도 감시처럼 느끼는 건 자유롭게 생활하고 싶은데 그렇지 못하게 하는 것이라고 생각되기 때문이 아니야? 그러니 자유라는 것을 정확히 알고 있어야 그것이 보살핌인지 감시인지 이해할 수 있게 되지 않겠어?

　자유라는 것은 무엇일까? '아무런 간섭 없이 무엇이건 할 수 있는 상태' 정도로 알고 있겠지? 기본적으로 자유라고 하는 것은 크게 두

가지를 토대로 이해할 수 있어. 하나는 자기 자신이 아닌 다른 사람의 간섭의 유무, 그리고 다른 하나는 스스로 원하는 어떤 것을 할 수 있느냐의 여부.

이 두 가지가 어떤 사람을 자유로운가 그렇지 않은가를 판가름하는 기준이라 할 수 있지. 그런데 한 동안은 외적인 **간섭만 없으면 그것이 곧 자유로운 것이라고 생각하던 때가 있었어.** 그것을 '소극적 자유'라고 하지. 하지만 그래봤자, 그것이 곧 내가 어떤 것을 하고 싶을 때 할 수 있도록 보장해 주지 않아. 예를 들어보면 갓 태어난 아이를 백두산 꼭대기에 옮겨 놓고 내려왔다고 생각해 보자고. 거기에 있는 아이는 아무런 간섭도 받지 않는 상태이므로 소극적인 자유를 완전하게 누리는 것이라고 할 수 있지. 하지만 그렇다고 그 아이가 하고 싶은 것, 아니 살기 위해서 해야만 하는 것을 할 수 있는 건 절대로 아니지. 자기가 원하는 것, 꼭 해야만 하는 것을 하지 못하는 상태를 자유롭다고 할 수도 없잖아. 그렇지? 여기서 '적극적 자유'라는 보다 구체적인 의미의 자유가 등장하게 되지. **무엇인가를 하고 싶을 때 그것을 할 수 있는 상태를 의미하는 '적극적 자유'**는 앞서서 말한 소극적 자유와 더불어 우리가 반드시 알고 있어야 하는 것이야.

그러면 정말로 소극적인 자유를 누리면서도 적극적인 자유를 누리는 사람이 있을까? 여기에 제일 어울리는 사람? 팥쥐, 그리고 그 새엄

마. 어때 딱 맞지? 콩쥐를 괴롭히고 싶은 만큼 괴롭히고, 사또의 아내가 되고 싶으니까 콩쥐를 죽이고는 그 자리까지 차지하고. 근데 아마 단박에 알아차렸을 거야. 그걸 자유라고 하면 안 된다는 것을.

　자유로 흔히 착각하는 것 중 하나는 방종이라는 행동이야. 무엇이건 자기가 원하는 것은 아무거나 다 할 수 있다고, 그것이 자유로운 것이라고 생각할 때 저지르게 되는 잘못이지. 자유가 진정으로 자유이기 위해서는 넘지 말아야 할 최소한의 선이 있어. 그 최소한의 선이라는 게 무엇일까? 존 스튜어트 밀 [09] 이라는 철학자는 그것을 **'다른 사람의 자유를 침범하지 않는 것'**이라고 했어. 어때 그럴 듯하지? 그래 너희는 방종을 자유로 착각해서 아무렇게나 행동해서는 안 된다는 것쯤이야 아주 직관적으로 알고 있을 거야.

참된 자유를 위하여!

　조금 더 깊이 들어가면 칸트 [10] 라는 철학자는 **자율적인 행동만이 진정으로 자유로울 수 있음**을 강조하기도 했어. 누구라도 동의할 수 있는 법칙적 판단을 스스로 선택하고 그러한 선택을 매우 강한 사명감으로 실천할 수 있을 때라야 비로소 올바른 행동을 하는 것이며, 진정으로 자유롭다고 역설한 것이지.

그런데 진정으로 자유를 누리기 위해서는 그러한 것만 가지고는 부족해. 할 수 있어도 하지 말아야 할 것이 있다는 것을 아는 것과 달리, 또 다른 하나는 하고 싶기도 하고, 해야 하기도 하는데, 그리고 분명 내가 그것을 실행할 능력도 되는데, 실제로 행동으로 옮기지 못하는 경우가 있다는 사실이야.

어떻게 그게 가능하냐고? 이런 경우를 생각해 보자. 우리는 식사 시간이 되면 무엇인가를 먹고 싶다는 생각을 하게 되지, 그리고 무엇이건 끼니를 때우기도 하고, 심지어는 음식만 있다면 두 손과 입을 이용해서 음식을 내 몸으로 넣을 수도 있지. 그런데 만약에 말이야. 음식이 없다면? 자기 몫으로 주어지는 음식이 전혀 없다면? 아무리 그것을 원하고, 해야 하고, 그럴 능력도 있지만 정작 결과적으로 행위는 일어나지 않겠지?

09 존 스튜어트밀John Stuart Mill :

1806년 ~ 1873년. 영국의 경제학자야. 저서로는 『자유로』, 『공리주의』가 있지.

10 칸트Kant, Immanuel :

1724년 ~ 1804년. 독일의 철학자야.

그래서 진정으로 자유로움이 보장되려면 나의 의지나 욕구를 넘어서서 외적인 간섭, 즉, 보살핌이라는 것이 요청된다는 사실이야. 열심히 최선을 다해서 노력을 해도 외적인 상황으로 인해 어떤 욕구를 채우지 못하는 일이 벌어지지 않도록, 주변 상황이 그와 같은 개인들의 노력을 충분히 반영한 채 진행될 수 있도록 누군가가 관여할 수밖에 없다는 것이지. 그런 관여를 우리는 보살핌이라고 부를 수 있는 것이고. 그러니까 **누군가가 나를 보살피는 것과 내가 자유로운 것은 서로 모순되는 것이 아니라 서로가 상호 보완적인 개념**이라는 사실을 잊지 말아야 할 거야.

그러면 이제 마무리. **우리는 충분히 자유롭고 싶어. 이를 위해서는 크게 두 가지가 충족되어야 할 것 같아. 하나는 너희들 스스로가 충분히 아끼고 사랑하고 존중하는 것, 그리고 다른 하나는 그러한 너희들의 노력이 원하는 대로 충족될 수 있도록 누군가의 보살핌이 필요하다는 것을 인정하는 것.** 물론 누군가에게 두 번째 조건은 필요없을 수도 있어. 하지만 아직도 많은 사람들에게 이 두 번째 조건은 우리 사회 구성원 모두가 자유롭게 되기 위해 참으로 중요해. 그 누군가는 또 다른 사회 구성원이 될 수도 있고, 국가라고 하는 조직이 될 수도 있지만 여하튼 그런 도움이나 보살핌이 없이는 자유로움을 희망할 수도 없는 사람들이 여전히 우리 사회에 있으니까.

그러니까. 우리 모두가 진정으로 자유롭기 위해서는 다른 누군가가 그런 외적인 한계에 부딪히지 않도록 서로가 관심을 갖고 보살피려는 노력이 필요하겠지? 그리고 무엇보다 너희 스스로가 진정으로 자유로움을 누리기 위해서는 너희 스스로를 위해 최선을 다하는 거야. 이런 노력에는 누군가가 보살핌이라는 미명하에 너희를 간섭하는 사람이 생기지 않도록 주의하는 것을 포함해서 자신이 진정으로 원해야 하는 것, 자신이 충분히 감당해야만 하는 것이 무엇인지에 대해 꾸준히 고민하고 숙고하는 자세도 필요하지. 그래야 우리 사회가 팥쥐와 그 엄마 같은 못된 사람들이 발붙이지 못하게 될 테니까.^^

작가가 들려주는
동화이야기

* 동화이야기는 책에 나오는 순서대로입니다

◯ **인어공주**　　　　　　　　인어공주는 덴마크 작가 한스 크리스티안 안데르센(Hans Christian Andersen)이 쓴 동화야. 원작에서 인어공주는 아주아주 슬픈 이야기의 주인공이지. 13살 생일이 되어서야 겨우 허락을 받고 물 바깥을 구경하게 되었는데, 마침 그 근처에는 왕자가 탄 배가 항해 중이었다지? 근데 폭풍으로 배가 뒤집어지고 인어공주는 그 왕자를 구해주게 되었다는 거야. 그러다가 이 왕자를 사랑하게 되었던 거지. 그 사랑을 잊지 못해서 물속 마녀를 찾아갔어. 왕자 곁으로 가기 위해서는 사람이 되어야 하는데 그러기 위해서는 목소리를 마녀에게 주었어야 했대. 드디어 사람이 되어서 왕자 옆에 갈 수는 있었는데, 목소리를 내지 못하는 인어공주를 알아보지 못하고 다른 나라의 공주와 결혼을 하게 되었지. 사랑을 이루지 못한 인어공주는 그 슬픔을 견디지 못하고 바다에 몸을 던져 죽음을 택하게 되었대. 정말 슬프지?

◯ 호랑이 형님

호랑이 형님은 설화야. 구전 동화라고도 하지. 그러니까 입에서 입으로 전해져 내려오는 이야기 말이야. 어떤 나무꾼이 있었대, 홀어머니하고 둘이서만 사는 사람이었다지 아마? 근데 이 나무꾼이 산에서 호랑이를 만났어. 위기에서 벗어나야겠다는 생각에 나무꾼은 호랑이에게 넙죽 엎드려서는 호랑이가 자신의 잃어버린 형님이라고 거짓말을 한 거야. 근데 이 호랑이가 그 말을 철석같이 믿고는 나무꾼을 살려서 돌려보냈어. 그리고는 나무꾼의 집에 꼬박꼬박 돼지를 잡아다 놓기 시작했지. 호랑이 생각에 자신이 호랑이가 되어 살아계신 어머님께 모습을 드러내지는 못하지만, 효도해야겠다고 생각했었던 거야. 기특하지? 그래서 그 덕택에 나무꾼은 어려움 없이 생활할 수 있게 되었고, 장가도 가게 되었지. 그러던 어느 날 어머님이 돌아가신 거야. 그런데 이상하게도 그 뒤로는 호랑이가 돼지를 물어다 놓지 않더라는 거지. 나무꾼은 호랑이에게 무슨 일이 생겼나 싶어서 호랑이가 살던 굴을 찾아갔더니 큰 호랑이는 간데없고 새끼 호랑이들이 꼬리에 흰 베를 묶고 있는 걸 발견했어. 그 이유를 물었더니 새끼 호랑이 이렇게 답하더라는 거야. "우리 할머니가 얼마 전에 돌아가셨는데, 아버지가 슬픔을 견디지 못하고 시름시름 앓다가 돌아가셨어요." 이 소리를 들은 나무꾼은 호랑이의 효성에 감동했대. 그리고는 어머님 산소 옆에 호랑이 묘를 나란히 써주었다고 해. 어때? 그 효성이 웬만한 사람보다 낫지?

◯ 단군 이야기

고조선 건국 이야기야. 다들 잘 알지? 그래도 간

단하게 정리해 볼까? 인간들이 사는 세상에 큰 관심이 있던 환웅이 환인(하느님)에게 허락을 맡아 인간 세계로 내려왔다지? 거기가 어디냐고? 바로 태백이라고 불리는 곳이었데. 환인이 아들을 어디로 내려보낼까 고민하다가 여기저기 살펴보니 바로 그곳이야말로 인간들을 널리 이롭게 할 수 있을 만한 터였다는 거야. 그런데 환웅, 혼자만 내려온 게 아니고 인간들을 더욱 잘 다스릴 수 있기 위해 중간급 보스들하고 같이 내려왔데. 그게 누구냐고? 바람을 다스리는 신인 풍백(風伯)하고, 비를 내리게 해줄 수 있는 우사(雨師), 그리고는 구름을 마음대로 좌우할 수 있는 운사(雲師)가 그들이야. 아 참! 거기다가 3,000명에 달하는 부하들도 함께 내려왔지. 환웅은 그들하고 같이 인간 세계를 다스리게 되는데, 그가 주로 관심을 두고 보았던 건 곡식, 수명, 질병, 형벌, 선악 등 360 가지나 되었다고 해.

그런데 어느 날 곰하고 호랑이가 찾아와서는 사람이 되고 싶다고 간절하게 원하더래. 그래서 환웅이 사람이 되는 방법을 가르쳐주었다지? 바로 깊은 동굴 속에서 마늘하고 쑥만으로 100일을 버티면 사람이 될 수 있다는 거야. 그래서 곰하고 호랑이가 동굴 속에서 그렇게 한 번 해보기 시작했는데, 7일 만에 호랑이는 배고픔을 견디지 못하고 도망가버렸데. 그런데 곰은 21일 만에 사람이 되었다는 거야. 왜 100일을 다 채우지 않았는데 소원이 이루어졌냐고? 그건 정확하게 나와 있지는 않아. 거기에 어떤 뜻이 있는지 너희들이 한 번 생각해 봐.

아무튼, 곰이 비로소 사람이 되었는데, 이름이 없지는 않겠지? 환웅은 그녀에게 웅녀라는 이름을 붙여주었데. 정말 몸도 마음도 아름다운 여인의 모습이었던 모양이야. 그리고 환웅이 웅녀와 결혼을 하고 그 사이에서 아이가 태어났는데, 그 아이가 바로 우리가 시조始祖로 여기는 단군이야. 이후에 단군은 환웅의 뒤를 이어 고조선을 잘 다스렸대. 끝!

○ 구미호

아홉 구九! 꼬리 미尾! 여우 호狐! 그러니까 구미호는 꼬리가 아홉 개인 여우를 일컫는 말이야. 근데 이 구미호에 관한 이야기는 우리나라뿐만 아니라, 중국, 일본 등 동아시아의 여러 나라에서 신화와 전설 속에도 등장하지. 근데 우리나라의 구미호는 사람이 되려고 아주 무서운 만행을 저지르는 존재로 묘사되고 있어. 그 사람이 될 수 있는 방법이라는 것이 사람의 간 100개를 먹어야 한다는 등의 엽기적인 미션이거든. 또는 인간 남성과 결혼해서 100일 동안 들키지 않아도 사람이 될 수 있는 것으로 묘사되기도 하는데, 대체로 남자가 어리석은 행동을 해서 100일째 되는 날 들키고 말지만, 구미호가 그간의 정 때문에 보복하지 않고 물러서는 것으로 이야기가 마무리되곤 해.

○ 미녀와 야수 Beauty and the Beast

잔 마리 르 프랭스 드 보몽Jeanne-Marie Le Prince de Beaumont이라는 프랑스 작가가 쓴 동화야. 사실 이 동화는 1740년에 역시 같은 나라의 가브리엘 수잔 바르보 드 빌레느브Gabrielle-Suzanne Barbot de Villeneuve라는 작가가 잡지를 통해 처음 발표한 거였는데, 그걸 보몽이 1756년에 요약한 후, 재출간하면서 널리 알려지게 된 것이고, 현재 우리가 알고 있는 이야기는 보몽 부인이 쓴 동화의 내용이라네.

이 동화는 디즈니에서 만화영화로 나오기도 했고, 2017년에는 실사 영화로도 나왔으니까 많이 익숙한 이야기지? 하지만 원래 이야기하고 디즈니 이야기는 살짝 달라. 어디가 다르냐고? 어디가 달라졌는지 한번 잘 살펴봐.

영화에서는 주인공 벨Bell이 아버지하고 단둘이 사는 것으로 나오지? 원래 동화에는 무려 6남매가 함께 사는 것으로 되어 있어. 뭐 그렇다고 나머지 5남매가 특별한 역할을 하는 것은 아니지만. 어쨌든 영화건 원래 동화건 벨이 아버지가 일을 보고 돌아올 때 장미꽃 한 송이를 사다 달라고 하는 것부터 상당 부분은 거의 똑같아. 아버지가 산속에서 발견한 궁전 근처에서 장미꽃 한 송이를 발견하고 그걸 꺾었다가 궁전의 주인인 아주아주 무시무시하게 생긴 야수한테 혼쭐이 나는 것하며, 야수가 목숨을 살리기 위해서 상인의 딸 중 하나를 궁전으로 보내는 조건을 내거는 것, 그리고 집에 돌아와 그 이야기를 근심하는 아버지에게 듣게 된 마음씨 착한 벨이 아버지를 대신해서 궁전으로 가는 것도 다르지 않아.

야수가 벨과 함께 궁전 생활을 하면서 벨을 사랑하게 되고, 집을 그리워하는 벨을 아버지 곁으로 잠시 돌아가도록 허락하는 것도 같아. 벨이 집에 가서 오래도록 돌아가지 않다가 야수가 준 만리경을 통해 야수가 죽게 생긴 것을 보고 다시 궁전으로 돌아가는 것까지도 비슷해. 아! 여기서 다섯 남매의 역할이 잠깐 있다. 궁전에서의 호화로운 생활을 시샘해서 벨을 돌아가지 못하게 막는 역할을 하긴 한다. 하지만 결국 벨이 야수에게로 돌아가서 야수에 대한 자신의 사랑하는 마음을 확인하게 되고 그 순간, 추악한 모습이었던 야수가 멋진 왕자로 변하는 것, 그리고 왕자가 야수로 살게 된 것이 왕자에게 호의를 거절당한 요정의 저주였다는 것까지 크게 다르지 않아. 어때? 책 읽기 싫은 날 소파에 편히 앉아 영화라도 한 편 보는 건?

○ 옹고집전 옛날옛날 옹진이라고 하는 고을에 옹고집이라는 사람이 살고 있었대. 근데 이 옹고집은 심술도 사납고 인색하기도 이루 말할 수 없으며 불효하기도 으뜸인 아주아주 못된 사람이었다네. 물론 도술에 능통한 도사가 학대사鶴大師를 시켜서 혼쭐을 내려고 시도도 해보지만, 오히려 매만 맞고 돌아왔지 뭐야. 도사가 정말로 화가 많이 났겠지? 도사는 옹고집하고 똑같이 생긴 가짜 옹고집을 만들어서 옹고집의 집에 보내고는 누가 진짜 옹고집인지를 다투게 했어. 근데 이 둘이 너무도 똑같이 생겨서 도대체 구분이 안 되는 거야. 결국 관가에 가서 송사를 벌이기까지 해. 근데 진짜 옹고집이 송사에서 지고 마는 거지. 어쩌겠어? 그동안 진짜로 살았는데, 관가에서 가짜로 판결을 받았으니까. 혼쭐이 난 건 당연하고 집에서 쫓겨나기까지 했지. 그래서 결국 진짜 옹고집은 여기저기 거리를 전전하면서 빌어먹고 사는 신세가 된 거야. 그것도 하루 이틀이지 그게 어디 쉽겠어? 결국 목숨을 끊으려고 결심을 하고 실행에 옮기려는데 도사가 딱 나타나서는 옹고집이 진정으로 그동안의 잘못을 참회하도록 했지. 도사는 옹

고집의 진심을 확인하고는 가짜 옹고집을 없애 주겠대. 이제 옹고집은 전혀 새로운 사람으로 아주아주 착하게, 그리고 신실한 불교 신자로 살아갔대.

아주 흥미진진하지? 이 이야기는 조선시대에 쓰여진 것만 알려져 있고, 누가 쓴 것인지는 알려진 바가 없다네.

○ **왕자와 거지** The Prince and the Pauper   미국의 작가 마크 트웨인(Mark Twain)이 1881년에 쓴 소설이야. 영국의 궁전에서는 한날한시에 왕자가 태어나고, 거지 굴에서는 거지 아이가 한 명씩 태어났는데, 이 둘이 아주 똑같이 생긴 것이지. 물론 처음에는 만난 적이 없었으니까 서로의 존재를 몰랐겠지만 아주 우연한 기회에 이 둘은 만나게 되고, 왕자와 거지가 서로 옷을 갈아입고는 서로 전혀 다른 생활을 체험하게 된다는 이야기야. 물론 우여곡절 끝에 다시 원래 상태로 돌아가게 되지만 서로의 다른 삶을 살았던 체험은 아마 서로에게 큰 영향을 끼쳤을 거야.

○ **미운오리새끼** The Ugly Duckling   어미 오리가 품고 있던 알 중에 한 알이 아주 컸었나 봐. 근데 그 알에서 태어난 새끼 오리 역시 다르게 생기지 않았겠어? 주변 오리들이 그 모습을 가만히 두질 않고 계속 놀렸지. 어미 오리는

처음에는 그래도 자기 새끼라고 다독다독해주긴 했었는데, 나중에는 어미 오리마저 사라져버렸으면 좋겠다고 외면해 버리지. 당연히 상처를 받았겠지? 그래서 새끼 오리는 집을 떠났대. 그러다가 어느 마음 좋은 할머니 집에서 지내게 되었지. 한동안은 멀쩡히 있었는데, 그 집 고양이와 닭이 괴롭히기 시작한 거야. 결국, 그 집에서도 도망을 치게 돼. 그렇게 외로운 겨울을 지내고 봄이 왔어. 오리는 우연히 자기가 하늘을 날 수 있다는 것을 알게 되었지. 자신이 정말로 못생긴 오리인 줄 알았는데 백조였던 것이야. 그리고는 백조 무리를 찾게 되고 그 무리 속에서 행복하게 비행飛行하며 살게 되었다는 이야기야. 근데 어떻게 오리 알 속에 처음에 들어가게 되었냐고? 글쎄?^^

덴마크 작가 한스 크리스티안 안데르센Hans Christian Andersen한테 물어봐. 그 사람이 쓴 동화니까. 그것도 1843년에.

○ 양초 도깨비   옛날에 시골 촌구석에 송서방이라는 사람이 살았었대. 근데 이 송서방이 서울 구경을 갔었는데, 처음 보는 물건이 있었던 거야. 바로 양초. 불만 붙이면 환해지는 양초 말이지. 너무도 신기해서 자기 동네 사람에게 선물하려고 선물꾸러미에 담아서 동네로 돌아갔대. 근데 송서방이 양초를 동네 사람들한테 선물하면서 서울 구경한 이야기만 하고 양초가 무엇인지 설명하는 걸 깜빡했네?

양초를 받고 송서방하고 헤어진 동네 사람들은 그게 무엇에 쓰는 물건인지 몰라 설왕설래 말만 하다가, 그래도 마을에서 제일 학식이 높은 서당 훈장한테 물어본 거야. 근데 이 서당 훈장이 훈장 체면에 모른다고 이야기는 못하고 바짝 말린 생선(어떤 사람은 생선 말고 가래떡이라고 하기도 해)이라고 둘러댔대.

이 말을 들은 마을 사람들은 모두 양초를 꺼내서 끓여 먹기 시작을 했지. 그때 딱! 송서방이 나타난 거야. 그리고는 양초가 불을 붙여 켜는 거라고 설명을 해줬대. 그 이야기를 들은 마을 사람들은 모두 자기들이 불을 먹었다며, 냇물 속으로 달려가서는 풍덩! 모두 불씨 꺼지라고 머리만 동동 내놓고 있었는데 마침 그 냇가를 지나던 나그네가 그 모습을 보고는 도깨비라 생각하고, 도깨비 쫓을 생각으로 성냥을 그어서 담배에 불을 붙이려고 했대. 그 장면을 보고 있던 마을 사람들, 자신들에게 그 불똥이 옮겨붙을까 봐 머리까지 물속에 집어넣고는 밤새 냇물 속에 있었대. 재밌지?

◯ **임금님 귀는 당나귀 귀**　　　　삼국유사에 실려 있는 이야기래. 당나귀처럼 긴 귀를 가진 임금이 살았었대. 근데 그 귀가 많이 부끄러웠던 모양이야. 그래서 아무도 모르게 귀를 모자 속에 숨기고 살았다네. 하지만 딱 한 사람, 그러니까 임금의 모자를 만드는 사람에게는 숨길 수가 없었겠지? 그래서 그 비밀을 갖고 있는 유일한 사람이 된 거야. 입이 얼마나 근질근질했겠어. 정말 많이 답답

했었나봐. 죽기 전에 도림사道林寺 쪽 대나무 숲으로 들어가서 '임금님 귀는 당나귀 귀'라고 큰 소리로 외쳤나 봐. 그런데 이 소리가 바람을 타고 전국에 퍼졌대. 바람이 불 때마다 이 소리가 들리니까 임금은 대나무를 몽땅 베어 버리고는 산수유나무를 심었는데, 그때부터는 바람이 불면 '임금님 귀는 길다'로 바뀌어 소리가 들렸다고 해.

○ 호랑이와 곶감

산속에 살던 호랑이가 배가 고팠었나 봐. 마을로 내려와서 어슬렁거리는데, 어느 집에서 아이 우는 소리가 크게 들리더래. 그래서 그 집 옆으로 갔는데 아이 달래는 소리가 들리더라는 거지. 그런데 그 달래는 소리를 좀 들어 봐. '호랑이 왔다. 울지 마라!' 그 소리를 들은 호랑이 섬뜩했겠지? '어라 어떻게 알았지?' 그런데 그 소리를 듣고도 아이가 울음을 전혀 그치지 않더라는 거야. 그때 다시 아이 엄마가 이렇게 이야기를 하더래. '곶감 봐라. 울지 마라!' 어라? 아이가 울음을 딱 그쳤네? 곶감이 무엇인지 알 턱이 없는 호랑이 생각으로는 곶감이 자기보다 훨씬 무서운 존재일 수밖에 없더라는 거지. 왜냐고? 호랑이가 나타났다고 해도 울던 아이가 곶감을 보고는 울음을 딱 그쳤으니까.

이런 생각을 하고 있는데, 호랑이 뒤로 소도둑이 들어온 거야. 소를 훔칠 생각에 소처럼 생긴 짐승 등에 딱 올라탄 거지. 호랑이는 자기 등에 묵직한 뭔가가 올라온 것을 느끼고는 이놈이 틀림없이 곶감이라고 믿어버렸대. 어쩌겠어? 오금이 저려서 죽을힘을 다해서 달아나기 시작했지. 그렇게 밤새 달리는데 동이 터오지 않 겠어? 호랑이 등에서 죽을힘을 다해 매달려 있던 도둑놈은 자기가 타고 있던 것 이 소가 아니라 호랑이인 줄을 알게 되어 혼비백산하여 도망갔대. 호랑이도 그 제야 곶감이 사라진 줄 알고 또 마주칠 새라, 멀리멀리 뛰어 달아난 것은 물론이 고 말이지.

호랑이 등 뒤에서 도망친 도둑은 고목나무 속에 숨었대. 근데 소도둑을 지나던 곰 이 발견하고 공격을 하는데, 소도둑의 꾀에 결국 곰이 잡히고 소도둑은 밤새 호 랑이 등에 매달려 있느라 소진한 체력을 보충하려고 곰을 구워 먹고 있었대. 그 런데 호랑이가 그 냄새를 맡고 다시 나타나서는 나눠 먹자고 했더라는 거야. 소도 둑은 꾀를 내서 호랑이도 죽이는 데 성공했대.

○ **금도끼와 은도끼**　　　나무꾼이 산에서 나무를 하다가 연못에 도끼를 빠뜨린 거야. 도끼는 나무꾼에게는 생계를 유지하기 위해서 가장 필요한 건데, 그 걸 연못에 빠뜨렸으니 얼마나 막막했을까? 연못에 앉아서 한참을 울고 있는데, 갑자기 펑! 연못에서 산신령이 나타나서 나무꾼이 왜 그렇게 우는지 사연을 묻는 거야. 여차저차 나무꾼의 사연을 다 들은 산신령은 금도끼와 은도끼를 가져와서 어느 것이 나무꾼이 잃어버린 것이냐고 물었어. 근데 나무꾼은 자신의 도끼가 금 도 은도 아닌 쇠로 만든 것이라고 정직하게 답을 했다네. 나무꾼의 심성에 감탄한

산신령은 금도끼, 은도끼도 함께 보너스로 나무꾼에게 주었대. 정말 좋았겠지?

그런데 이 말을 이웃에 살던 또 다른 나무꾼이 들은 거야. 샘이 많이 났었나 봐. 그 나무꾼은 그 연못에 가서 일부러 도끼를 물에 빠뜨리고는 하염없이 우는 척을 하고 있었대. 아니나 달라? 정말로 산신령이 나타나서 역시 똑같이 물었다네. 그리고 금도끼 은도끼를 가지고 나타난 것까지도 똑같아. 근데 욕심에 눈이 먼 이 나무꾼은 금도끼도 은도끼도 자신의 것이라고 했다지 뭐야. 이 말을 들은 산신령은 연못에 들어가서는 두 번 다시 나타나지 않았대.

나무를 해서 살아가는 나무꾼이 도끼를 연못에 던져버렸으니 정말로 큰 화를 당하게 된 거지? 자신의 욕심 때문에 말이야.

◯ **파랑새**　　　틸틸과 미틸이라는 남매가 옆집 아주머니를 닮은 요정의 부탁으로 파랑새를 찾아 여행을 떠나는 이야기야. 틸틸과 미틸 남매는 파랑새를 찾으려고 추억의 나라, 밤의 궁전, 행복의 나라 등을 여행하게 돼. 추억의 나라에서는 할머니 할아버지를 만나서 파랑새를 받지만, 그 나라를 떠나는 순간 파랑새가 죽어버리게 되지. 밤의 궁전에서도 파랑새를 만나는데, 함께 여행을 다니던 빛의 요정을 보자마자 그 파랑새 역시 죽어버리고 마는거야. 마지막으로 도착한 행복의 나라에서는 엄마의 사랑이라는 천사로부터 파랑새가 아주 가까이 있다는 이

야기를 듣게 되지. 그래서 그들은 마치 꿈에서 깨어나듯 현실 세계로 돌아오고 말아. 결국 자기들 방에서 키우던 비둘기가 자기들이 찾던 파랑새였다는 것을 알게 되고는 그 파랑새를 옆집 아주머니의 딸에게 주어서 병에서 낫게 해 준다는 이야기야. 1908년 벨기에의 극작가인 모리스 마테를링크가 쓴 희곡^{동화극}이래.

◯ **늑대와 일곱 마리 아기 염소**　　　옛날에 엄마 염소와 새끼 염소 일곱 마리가 살고 있었는데, 어느 날 엄마 염소는 새끼 염소들에게 변장술에 능한 늑대를 조심하라고 신신당부하고는 숲으로 먹이를 찾아 떠나지. 근데 정말로 늑대가 나타난 거야. 늑대는 자신이 엄마 염소인 척 이런저런 흉내를 내면서 새끼 염소들에게 문을 열어달라고 했어. 그렇지만 새끼 염소들은 늑대가 내는 소리를 듣고, 문틈에 삐져나온 발의 모양을 보고 늑대인 것을 알아차리고는 문을 안 열어주었대. 똑똑하지?

그러자 늑대는 분필을 먹고는 목소리를 엄마처럼 바꾸고, 발에는 밀가루를 뿌려서 염소 발처럼 색깔을 바꾸고 다시 문을 열어달라고 했다는 거야. 새끼 염소들은 깜빡 속아서는 늑대에게 문을 열어 주었지. 결국, 새끼 염소들은 모두 늑대에게 잡아 먹혔대. 근데 딱 한 마리. 시계 속에 숨었던 새끼 염소 한 마리가 안 잡아먹히고 살아남았던 거지. 엄마 염소가 집에 돌아왔을 때, 살아남은 새끼 염소는 모든 사실을 엄마한테 다 일렀어. 세상의 모든 엄마는 강하지? 엄마 염소 역시 강했어. 엄마 염소는 늑대가 자는 틈을 타서 늑대 배를 가르고는 배 속에 있던 새끼 염소들을 구해내고는 커다란 돌멩이들을 다시 늑대 배 속에 넣고 바느질로 단단히 꿰맸어. 어찌 되었겠어? 잠에서 깬 늑대가 너무 목이 말라 강물에 가서 고개를 숙이는데, 배 속에 있던 돌멩이들이 확 쏠리면서 늑대가 강물에 빠져버린 거야. 그리고는 너무너무 무거워서 물에서 빠져나오지 못하고 죽었다지.

독일의 형제작가 그림^{Grimm}이 1872년에 발표한 동화야. 재밌지?!

◯ **피노키오의 모험**(이탈리아어: Le avventure di Pinocchio)   피노키오의 모험은 1883년 이탈리아의 극작가 카를로 로렌치니^{Carlo Lorenzini}가 어린이를 위해 지은 동화야.

착하디착한 목수 제페토가 살고 있었는데, 어느 날은 나무를 깎아서 어린이 형상을 한 인형을 만들고는 피노키오라고 이름을 붙이고, 그런 아들이 하나 있으면 좋겠다고 푸념을 하곤 했대. 그 푸념을 들은 요정이 피노키오에게 생명력을 불어넣고는 진짜 사람처럼 생각하고 행동하도록 만들어 준거야. 근데 이 피노키오가 워낙 말썽을 부리는 데다가 거짓말도 밥 먹듯이 해서 제페토 할아버지를 자꾸 괴롭게 했어. 어느 날 요정이 다시 나타나서는 거짓말을 한 번 할 때마다 코가 자라도록 마법을 걸어 놓지. 그래도 버릇을 못 고치던 피노키오는 결국 서커

스단에 현혹되어서 정말로 많은 일을 겪기도 하고 모험을 하기도 해. 하지만 자신의 버릇을 못 고치고 방탕한 생활을 하다가 결국 고래 뱃속으로 들어가서 큰 후회와 반성을 하기에 이르지. 하지만 제페토 할아버지의 헌신적인 사랑으로 고래 뱃속에서 탈출하고는 급기야 진짜 사람이 되어 할아버지와 행복하게 살아간다는 이야기야.

○ **잭과 콩나무**   영국 잉글랜드 지방의 대표적인 민화民話야. 잭은 홀어머니와 함께 사는 소년이었지. 아! 같이 사는 생명체가 하나 더 있었다. 유일한 수입을 책임지는 소 한 마리. 그런데 이 소가 나이가 들어 더는 우유를 만들어 낼 수 없게 되었대. 어쩌겠어? 팔아서라도 수입을 유지해야지. 그래서 잭이 소를 팔려고 길을 가고 있었는데 우연히 어떤 노인을 만나게 되었다. 근데 그 노인이 잭을 꾄 거야. 자기가 마법의 콩을 갖고 있는데 그 콩하고 소를 바꾸자고 말이야. 노인의 이야기가 워낙 설득력이 있었나 봐. 잭은 단박에 그 콩하고 소를 바꾸고는 집으로 돌아갔어. 당연히 홀어머니한테 무지하게 많이 혼났겠지? 엄마는 너무 화가 나서 콩을 집 바깥으로 집어 던졌대. 근데 하루가 지나고 그 콩이 떨어진 곳에서 거짓말처럼 엄청나게 큰 콩이 자라있는 걸 발견하게 되었어. 호기심 많은 잭은 그 콩을 타고 올라가 보는데, 이게 끝이 없더라는 거지. 결국, 하늘나라까지 올라가게 되는데, 거기서 어마어마하게 큰 거인이 사는 것을 안 거야. 근데 그 거인에게는 금화는 물론이거니와 잭이 사는 세계에서는 볼 수 없는 것들이 많이 있

었대. 황금알을 낳는 거위도 있었고, 스스로 연주하는 하프도 있었다지. 잭은 거인 몰래 그것들을 훔쳐서 내려오곤 했지. 그러다가 하루는 거인한테 들키게 돼서 도망을 치는데 거인이 콩을 타고 쫓아오기까지 하더래. 어쨌겠어? 땅에 먼저 내려온 잭은 엄마와 함께 도끼로 콩을 베어버렸지. 아직 높은 곳에 있던 거인은 떨어져서 죽게 되고, 그동안 거인에게서 훔친 보물들을 가지고 잭은 엄마와 오래도록 행복하게 살았다네.

◯ **허클베리핀의 모험** 　　미국의 작가 마크 트웨인(Mark Twain(1835-1910))이 지은 소설이야. 미주리 주 세인트 피터스버그에 허클베리 핀, 줄여서 그냥 헉이라고 불리는 소년이 살았었다. 근데 그 아버지가 술주정뱅이여서 헉은 더글라스의 과수댁에 입양되어 갔대. 그러던 중 아버지가 나타나서 자기 아들을 유괴해서 숲으로 들어가 버리게 돼. 하지만 주인공 헉은 의외로 숲속 생활에 만족하면서 살았대. 그러나 어느 날 만취한 아버지의 폭력에 생명의 위협을 느끼고는 탈출한 뒤, 미시시피 강에 있는 잭슨 섬으로 숨어 살게 되었는데, 거기서 탈주한 흑인 노예 짐을 만나게 되지. 두 사람은 뗏목을 타고 여행하면서 여러가지 사건에 연루되기도 하는 등 다양한 경험을 하다가, 아칸소 주 파이크스빌 마을에 도착했어. 마침 친척 집에 온 톰 소여를 통해 왓슨 양이 유언으로 짐을 해방시켜 주었다는 소식을 듣게 되었고, 이후 헉은 톰과 광야로 떠나겠다는 결심을 하는 것으로 소설은 끝이 나게 되지.

⬡ **아기 돼지 삼형제**   아기 돼지 삼형제를 기르던 엄마 돼지가 각자가 살 집을 만들어보라고 돼지들을 내보냈다네. 첫째 돼지는 짚으로, 둘째 돼지는 나무로, 그리고 셋째 돼지는 벽돌로 집을 만들었다. 시간이야 당연히 셋째 돼지가 제일 오래 걸렸겠지? 셋째 돼지가 집 짓느라고 너무 오래 걸리는 것을 보고는 첫째 돼지와 둘째 돼지가 놀리기도 하고 그랬었나 봐. 그러던 어느 날 늑대가 나타났대. 우선 늑대는 첫째 돼지의 지푸라기 집을 한숨에 날려버리고는 첫째 돼지를 쫓았다. 놀란 첫째가 둘째네로 도망가서 숨었는데, 둘째네 나무집도 늑대의 한숨거리 밖에 안 되었던 거지. 결국, 막내네로 세 돼지가 숨었는데, 막내네 벽돌집은 늑대가 불어서 날리기엔 정말로 튼튼한 집이었던 거야. 그래서 늑대가 굴뚝을 통해 들어가려고 했는데, 굴뚝 밑에 불을 지펴서 돼지 삼형제가 늑대를 잡고 위기에서 벗어날 수 있었다네.

이 이야기는 유럽국가들 간에 오래도록 구전으로 전해져오는 민담이야. 어때 흥미진진하지?

⬡ **은혜 갚은 까치**   옛날에 어떤 선비가 한양에 과거를 보러 가는 길에 깊은 산골을 지나가는데, 까치 떼들이 한쪽에서 마구마구 울부짖고 있었대. 이상하다고 생각하고는 살펴보는데, 집채만 한 황구렁이가 까치 새끼를 잡아먹으려고 까치집을 공격하고 있었던 거야. 선비는 구렁이를 죽이고 까치 새끼를 구

218

해 주었지. 그리고는 가던 길을 가는데, 날이 저물었어. 산속에서 불이 밝혀진 집을 발견하고는 하룻밤 묵으려고 청하는데, 집안에서 예쁜 처자가 나와서는 기꺼이 승낙하더라는 거야. 진수성찬으로 대접도 하고. 근데 잠자리에 들려고 누웠더니 그 예쁘던 처자가 구렁이로 둔갑해서는 선비를 보고는 자기 남편을 죽인 원수라고 울부짖으면서 복수를 하려고 하는 거야. 선비는 구렁이를 자신의 이익을 위해서 죽인 게 아니고 까치를 살리려고 했던 거라서 하늘의 뜻에 따른 것이라고 당당하게 소리를 질렀다지? 이 말을 들은 구렁이는 정말로 하늘의 뜻이 그러하다면 날이 저물기 전에 종소리가 울리면 살려주기로 했어. 인적이 없는 산속에 있는 종이었기에 사실 아무도 그 종을 울릴 이유가 없었거든. 그런데 웬걸 어둑어둑해지고 구렁이가 선비를 잡아먹으려는 찰나 정말로 종소리가 나는 거 아니겠어? 그 소리를 들은 구렁이, 정말로 하늘의 뜻이 그러한 줄 알고 선비를 살려주었대. 선비는 종소리가 울린 것이 너무도 신기해서 종이 있는 자리에 가보았지. 그랬더니 그 종 아래 까치 몇 마리가 이마가 깨진 채로 떨어져 죽어 있더라는 거야. 구렁이한테서 목숨을 건진 까치가 자신들이 입은 은혜를 잊지 않고 종을 머리로 들이받고는 종소리를 냈던 거지. 감동이지? 까치만도 못한 인간으로 살면 안 돼. 알았지?

○ **자린고비 이야기**   아주아주 인색했던 자린고비라는 사람이 살았었대. 어느 정도로 인색했냐고? 대충 이 정도라고 할 수 있어. 한 번 들어볼래?

늦은 봄날, 장독대에서 왕파리 한 마리가 된장을 빨아 먹고 있는 것을 자린고비가 목격했는데, 자린고비는 얼른 된장독의 뚜껑을 덮고는 파리가 된장을 더 많이 먹지 못하게 했어. 여기까지는 뭐 그러려니 할 수 있지? 그런데 된장이 파리 다리에 묻어 있는 게 눈에 들어왔는데, 많이 아까웠나 봐. 그 된장 말이야. 자린고비는 그 파리를 잡으려는데 갑자기 잠자리가 파리를 잡아챘대. 자린고비는 포기하지 않고 10리, 100리, 잠자리를 쫓아갔대. 아쉽게 결국은 잠자리를 놓쳤지만 파리 다리에 있는 된장 때문에 100리를 넘게 잠자리를 쫓아갔다니 도대체 이 사람의 인색함이 어느 정도인지 알겠지?

이런 일도 있었대. 어느 날 자린고비가 반찬으로 삼을 요량으로 조기 한 마리를 사 왔는데, 그 조기를 먹으려고 산 게 아니었던 거 같아. 반찬은 반찬인데 먹지는 않는다니, 이상하지? 자린고비는 조기를 천장에 매달아 놓고는 밥 한술에 한 번씩 쳐다보기만 했어. 두 번 쳐다보면 짜다고 딱 한 번만 쳐다보게 했다는 거야. 이 꼴을 보던 북어 장수가 자린고비가 어찌하나 보려고 북어 한 마리를 대문 안에 던져주었더니. 자린고비 하는 말, '어느 놈이 밥을 많이 먹게 하려고 밥벌레를 가져다 놓았는고?' 그러더니 북어를 거름더미에 파묻어 버렸다는 거야. 어때? 이 정도면 정말 인색하기가 세계 최고라 할 만하지?

○ 도둑을 감동시킨 선비   옛날에 가난하지만 청렴하기로는 제일

220

이라 하는 선비 홍기섭이 살았어. 어느 날 이 양반이 밤늦도록 글을 읽고 있는데 부엌에 도둑이 들어왔다지? 도둑이 솥단지를 떼어 가려 하자 그 사실을 눈치를 챈 아내가 남편에게 도둑이 솥단지를 떼어 간다고 하자, 정작 홍기섭은 그 도둑이 아마도 자신보다 더 힘든 사람일 거라고 하며 아주 태연하더라는 거야. 부엌에 숨어 있던 도둑이 그 소리를 듣고는 솥뚜껑을 열어 보는데, 도무지 밥해 먹은 흔적이 없었대. 안타까운 마음에 도둑은 도리어 솥단지 속에 자신의 돈을 넣어두고 나왔다고 해. 그런데 그다음 날 솥단지에서 돈을 발견한 홍기섭이 돈 주인을 찾아주려는 심산으로 길거리에 방을 써 붙였대. 돈 잃어버린 사람 찾아가라고 말이야. 홍기섭의 청렴함과 인격에 감동한 도둑은 홍기섭을 찾아가 모든 사실을 이실 직고하고는 용서를 빌었대. 그리고 다시는 도둑질을 하지 않고 홍기섭의 제자가 되어 평생 따르겠다고 맹세도 하지. 훗날 홍기섭의 자식들도 모두 벼슬을 얻어 살았다 하고, 그 도둑질했던 사람도 성실하게 살았다고 전해져.

○ 효녀 심청　　　　　심청이는 젖먹이 때 엄마가 세상을 떠나서 눈먼 부친과 둘이서 살았어. 아주 효성이 지극했었다고 해. 그런데 심청이가 장성했을 때 화주승에게 이런 이야기를 듣게 돼. 공양미 300석을 시주하면 아버지가 눈을 뜰 수 있다는 이야기 말이야. 이 말을 들은 우리 착한 효녀 심청이, 공양미 300석을 어떻게 하면 구할 수 있을지 한참을 고민하는데, 뱃사람들이 제물을 구한다는 이야기를 또 듣게 된 거야. 그래서 심청이는 자신의 몸을 뱃사람들에게 300석을

받고 팔고는 공양미로 내어준 뒤, 배를 타고 바다로 가서는 인당수에 몸을 던지게 돼. 그런데 물에 빠진 심청이가 죽지 않고 연꽃이 되어 다시 세상에 나와서 이런 저런 상황을 거쳐서 왕후가 되었지. 왕후가 된 심청이 온 나라의 눈먼 사람들을 불러서 한 끼 대접이라도 할 마음으로 잔치를 여는 데, 아버지도 그때 거기에 왔더라는 거야. 그리고는 죽었다고 생각해서 하루하루 슬픔을 안고 살던 아버지는 왕비가 그 심청이라는 이야기를 듣고 깜짝 놀라 눈을 뜨게 되었대.

○ **벌거벗은 임금님**   옛날 어떤 나라에 아주아주 욕심 많은 임금님이 살고 있었대. 그런데 어느 날 자신이 정말 뛰어난 재봉사라고 주장하는 사람이 나타났어. 그리고는 이런 이야기를 하더라는 거야. 세상에서 가장 멋진 옷을 만들어 주겠노라고. 단, 입을 자격이 없고 어리석은 사람에게는 그 옷이 보이지 않는 아주 특별한 옷이라고. 원래 욕심은 세상에서 하나밖에 없는 아주 귀한 것을 만나면 마구마구 샘솟는 것이거든. 임금은 덜컥 계약을 맺었지. 그 재단사들은 열심히 재단과 재봉을 하고 완성된 옷을 임금에게 입히는 시늉도 하기는 하는데, 이게 도통 눈에 보이지 않는 것이야. 그런데 뭐라고 했었지? 입을 자격이 없고 어리석은 사람에게는 그 옷이 보이지 않는다고 했었잖아. 이 욕심 많은 임금은 아주 훌륭하고 멋진 옷이라고 입에 침이 마르도록 칭찬하고는 아주 흡족한 표정을 지었대. 신하들 역시 아무 소리 못 하고 있었는데, 아뿔싸 이 옷을 입고 거리에 행진을 하겠다고 그러는 거 아니겠어? 그래서 누구의 눈에도 보이지 않는 옷을 입

은 채로 임금이 거리를 행진하는데, 아주아주 순수하고 똘망똘망한 아이 하나가 그 모습을 보고는 '임금님이 벌거벗었다!'라고 소리를 쳤대. 결국, 모든 사람이 속았다는 것을 알면서도 그놈의 욕심 때문에 어리석게 행동할 수밖에 없었다는 것을 깨닫게 되었다는 이야기야.

덴마크 작가 한스 안데르센Hans Christian Andersen이 1837년 발표한 동화야. 재밌지?

○ **망주석 재판**   조선시대에 전국 방방곡곡을 누비면서 비단을 팔러 다니는 상인이 살았었대. 근데 어느 날 너무 힘이 든 나머지 망주석 옆에 비단 보따리를 내려놓고는 잠깐 잠을 잤는데, 일어나 보니 글쎄 비단이 없어졌다지 뭐야. 그래서 그 마을 원님한테 가서 망주석을 도둑맞았다고 신고했대. 원님은 도둑을 잡아주겠다고 하면서 잘 생각해보라고, 정말로 그 주변에 아무도 없었냐고 계속 묻더라는 거야. 상인은 아무리 생각해도 아무도 없었길래, 이렇게 답했었대. '망주석 하나 서 있는 것 말고는 사람이라고는 아무도 없었습니다.'라고 말이야. 이 말을 들은 원님은 그럼 그 망주석이 범인이 틀림없으니 당장 망주석을 붙잡아 오라고 포졸들에게 명령했지. 포졸들은 속으로는 원님이 하는 짓이 우스웠지만 그동안 원님이 지혜롭게 행동했었다는 것을 아는지라 그냥 시키는 대로 했대. 망주석을 재판한다는 소문이 마을에 퍼지자 온 동네 사람들이 포도청에 모여들

어서 그 재판을 구경하는데, 그 꼴이 딱 이렇더라는 거지. '빨리 자백해라! 네가 그 비단을 훔친 자가 아니더냐? 만약 그렇지 않다면 그 범인이 누구인지 보기라도 했을 터, 알고 있는 대로 털어놓아라!' '어쭈? 아무 말을 안 하네? 여봐라 저놈을 매우 쳐라!' 큰 돌덩어리 하나 뉘어놓고는 원님이란 사람이 고래고래 소리를 지르고, 그것도 모자라서 곤장을 때린다고 법석을 떨고 있으니 안 우습겠어? 마을 사람들이 여기저기서 웃음을 참지 못하고 마구 웃었대. 그랬더니 원님은 신성한 재판을 모독했다는 핑계를 들어 마을 사람들을 감옥에 가두었어. 그리고 3일째 되던 날 그 사람들에게 비단 한 필씩을 벌금으로 가져오라고 했대.

몇몇 사람들은 집에 비단이 있었기에 가져왔지만, 대부분은 그런 귀한 물건을 집에 둔 적이 없었어. 어떻게 해? 사서라도 가야지. 그래서 그 사람들이 이 마을 저 마을의 시장에 가서 비단이란 비단은 몽땅 사서 관가에 가지고 갔대.

어딘지 이야기가 좀 이상하지? 이야기가 여기서 끝났으면 정말 이상한 건데, 진짜는 이제부터야. 원님은 그 비단을 가져다가 상인한테 보여주고는 잃어버린 비단과 같은 게 있는지 살펴보라고 했대. 상인, 그 비단을 이리저리 뒤져보고는 자신의 비단을 딱! 찾아내더라는 거야. 그래서 원님은 그 비단을 가져온 마을 사람을 불러서 다시 물었대. 그 비단을 어디에서 사 왔느냐고. 그 사람이 비단을 산 곳을 알려주자, 원님은 포졸들을 출동시켜서 그 비단 가게 주인을 붙들어 왔대. 그리고는 그 가게 주인이 비단을 훔친 도둑이라는 자백을 받아냈다지 뭐야.

어때 그럴듯해? 마을 사람들을 3일을 가둬서 진짜 도둑 마음을 안심하도록 만든 것도 그렇고, 범인이 의심하지 않도록 마을 사람들을 이용해서 시장에 있는 비단을 모아온 것도 그렇고, 정말 머리가 좋은 원님이었던 것 같지?

○ 혹부리영감

목에 혹이 달린 영감님이 살았었대. 이 영감님은 산에서 나무를 하는 나무꾼이었던 거 같아. 그런데 어느 날 산에서 나무를 하다가 날이 저무는 줄도 몰랐어. 너무 늦어서 산속에 있는 빈집에서 하루를 묵기로 작정을 하고는 누워서 흥얼흥얼 노래를 부르면서 잠을 청하는데, 근처 도깨비들이 그 소리를 듣고 몰려들기 시작한 것이지. 영감님의 가락이 워낙 기분 좋았던 모양이야. 도깨비들이 영감님에게 물었대. '도대체 어떻게 그리 좋은 노래를 부를 수 있지?' 영감님은 마땅한 답이 없어서 그냥 이렇게 답했다네. '이 혹에서 나오는 것이지요.'라고 말이야. 이 말을 들은 도깨비들이 어마어마한 재물과 혹을 바꾸자고 그랬었대. 영감님은 이게 웬 떡이냐 싶어서 얼른 그러자고 했어. 당연히 혹도 떨어지게 되고 그 재물로 큰 부자가 되었지.

근데 이웃에 또 다른 혹부리 영감님이 있었는데 이 이야기를 듣고는 자기도 혹도 떼고 부자가 될 생각에 그 빈집에 가서 누워서 노래를 흥얼거리면서 밤이 되기를 기다렸어. 그랬더니 정말로 도깨비들이 나타나서 똑같이 묻더라는 거야. 그래서 옳다구나 싶어서 똑같이 대답했었대. 그랬더니 그 말을 들은 도깨비들이 이렇게 말을 하더라는 거야. '이전에 어떤 거짓말쟁이가 그런 이야기를 하더니, 너도 똑같은 거짓말을 하는구나.' 그러고는 자신들이 큰 재물을 주고 샀던 혹을 영감님

목에 턱 하니 붙여 주었대. 영감님은 그야말로 혹 떼러 왔다가 혹을 하나 더 붙이고 말았다네. 그러니 쓸데없이 욕심을 부리면 안 되겠지?

○ **백설공주**　　　　　　White Snow, 그러니까 우리말로 하얀 눈쯤 되겠지? 백설공주의 백설이 바로 그런 뜻이야. 태어났을 때 정말로 하얀 피부를 가졌다고 해서 왕비 엄마가 그렇게 이름을 붙였었대. 그런데 왕비는 그런 백설공주를 낳고는 얼마 되지 않아 세상을 떠났어. 머지않아 왕이 새롭게 왕비를 맞이하는데 이 왕비가 마술거울을 하나 갖고 있었던 거야. 거울을 보고 있는 사람이 묻는 말에 진실만을 답하는 거울이라나? 왕비는 틈만 나면 거울에게 물었대. '거울아 거울아! 세상에서 누가 제일 예쁘지?'라고 말이야. 거울은 언제나 '그야 물론, 왕비님이십니다.'라고 답을 했더라지? 정말로 왕비가 예쁜 사람이긴 했었던 모양이야.

그런데 백설공주가 7살이 되던 해에 갑자기 거울이 그 답을 바꾼 거야. '왕비님도 예쁘시지만, 백설공주가 더 아름답습니다.'라고. 왕비는 질투에 눈이 멀어 사냥꾼에게 백설공주를 숲으로 데리고 가서 죽인 다음에 공주의 폐와 간을 가져오라고 명령을 내리게 돼. 하지만 사냥꾼은 백설공주를 차마 죽이지 못하고 숲에 놓아주고는 대신 돼지의 폐와 간을 가지고 돌아가. 물론 왕비는 깜빡 속았지. 숲속에 남겨진 공주는 이리저리 헤매다가 우연히 일곱 명의 난쟁이들이 사는 오두막을 발견하고, 여차저차해서 한동안 같이 살아. 그런데 그 마법 거울이 문제야. 왕비가 다시 질문했더니 이놈의 거울이 사실대로 이야기한 거야. 백설공주가 살아 있어서 여전히 백설공주가 제일 예쁘다고 말이지.

왕비는 살아있는 백설공주를 죽이려고 직접 난쟁이들의 오두막으로 가서는 독이 든 사과로 백설공주를 죽이려고 해. 일곱난쟁이들은 백설공주가 그 사과를 먹고 죽은 줄 알고 관에 누이고는 장례를 치러주려고 했대. 근데 마침 그 곁을 지나던 이웃 나라 왕자가 나타나서 관속에 누워있는 공주의 모습에 반해 말에서 내려와 키스했더니 목에 걸려 있던 사과조각이 튀어 나와서 공주가 다시 숨을 쉬기 시작했더라지? 그동안 있었던 일을 모두 공주에게서 들은 왕자는 궁전으로 쳐들어가서는 사악한 왕비에게 달군 쇠로 만든 신을 신게 해서 죽을 때까지 춤을 추게 하고, 백설공주와 결혼해서 행복하게 살았대.

조금 잔인해 보이기는 해도 후련한 결말이 참 맘에 들지? 독일의 그림 Grimm 형제가 1812년에 《어린이와 가정을 위한 동화집》에 수록한 이야기래. 원래는 '백설공주'라는 제목으로 실렸는데, 1857년 최종판에서 '백설공주와 일곱 난쟁이'로 변경해서 출판했고, 지금껏 그 이름 그대로 남아 있대.

○ **신데렐라**　　　　　　신데렐라가 무슨 뜻인지 알아? '재를 뒤집어쓴다'는 뜻이래. 항상 부엌 아궁이 앞에서 일하는 사람을 상징하는 것이었다지 아마. 원래 신데렐라는 프랑스의 민담이었대, 그러니까 신데렐라의 본명도 프랑스식으

로 따로 있었던 것이지. 그게 뭐냐고? 상드리용^{Cendrillon}이래. 어때 비슷하지? 이 단어 역시 궂은 일을 도맡아 하는 여자라는 뜻을 지니고 있다는 사실.

그러니까 신데렐라 이야기는 처음부터 이미 힘든 일을 도맡아 하는 어떤 여자에 관한 이야기라는 것을 제목에서부터 알 수 있는 셈이었던 것이지.

신데렐라는 아버지와 새엄마, 그리고 두 명의 새언니와 함께 살았대. 새엄마와 새 언니들이 사사건건 신데렐라를 구박했지만 묵묵히 견뎌낼 만큼 마음씨가 착한 아가씨가 우리 주인공인 신데렐라였다는 사실. 그런데 어느 날 그 나라의 왕자가 신붓감을 찾기 위해 무도회를 열게 되는데, 신데렐라의 새엄마는 새언니들만을 참석시키려고 신데렐라가 감당하기 어려운 일을 시켰지. 안타깝고 절망스런 마음에 한참을 울고 있던 신데렐라 앞에 요정이 나타나서는 마을 일을 순식간에 해결해 준 뒤, 마술지팡이를 휘리릭 돌려서는 신데렐라를 공주로 변신시켜주었대. 호박을 이용해서 마차를 만들고 쥐를 말과 마부로 변신시키고, 예쁜 옷과 유리 구두로 한껏 치장을 시켜준 것이지. 대신 밤 12시 종이 울리기 전까지는 돌아와야 할 것이라고 단단히 약속을 받았대. 왜냐고? 자정이 되면 자신이 걸어놓은 마법이 풀려버리기 때문에 신데렐라의 신분이 탄로 날 수 있으니까 그랬지.

어쨌든 신데렐라는 정말로 아름다운 공주의 모습으로 무도회에 참석할 수 있게 되었는데, 아뿔사, 너무 신나게 놀았나봐. 12시가 다 되어서야 시간이 늦어버린 걸 알게 되었어. 멋지고 우아하게 무도회장을 빠져나왔으면 좋았을 것을 급하게 뛸 수밖에 없는 시간이 된 것이지. 그런데 그렇게 뛰다가 유리구두가 훌러덩 벗겨져서 무도회장에는 신데렐라의 유리구두만 덩그러니 남게 된거야. 근데 왕자가 신데렐라에게 반했었나 봐. 신데렐라가 신었던 유리 구두를 가지고 신데렐라를 찾겠다고 온 성안을 샅샅이 뒤지기 시작하는데, 그 신발은 완전히 맞춤식 신발이어서 신데렐라 이외에는 어느 누구의 발에도 맞지 않았었지. 드디어 신발의 주인공을 찾게 된 왕자는 신데렐라와 혼인을 해서 둘이서 행복하게 오래오래 살았대. 해피엔딩! 좋지?

◯ **콩쥐팥쥐**(한국민속문학사전: 설화 편)　　　　　어린 나이에 어머니가 돌아가셔서 콩쥐는 아버지하고 살고 있었어. 그런데 아버지가 다른 여자와 결혼해서 콩쥐에게 새어머니가 생기게 되지. 근데 이 새어머니에게는 팥쥐라고 하는 콩쥐보다 어린 딸이 하나 있었어. 콩쥐는 이제 새엄마와 여동생이 생겨서 좋아했었다나 어쨌다나. 아무튼, 그런데 새엄마가 특별한 이유도 없이 콩쥐를 괴롭히기 시작하는 거야. 나무 호미를 주고는 밭을 매라고 하질 않나, 밑 빠진 독에 물을 채우라고 하질 않나, 하염없이 콩쥐만 괴롭히더라는 거야. 근데 신기하게도 그런 곤란에 처해 있을 때면 어디선가 소가 나타나서, 두꺼비가 나타나서, 새들이 나타나서 문제를 해결해 주고는 사라져버리지.

어느 날은 마을 원님이 새롭게 부임하면서 잔치를 벌이는데 새엄마가 그 잔치에 팥쥐만 데려가려고, 콩쥐에게는 쉽게 끝내지 못할 만큼 많은 일을 주고는 잔치에 가버렸대. 그런데 아까 이야기했던 것처럼 두꺼비와 새, 그리고 선녀가 나타나서 콩쥐가 했야 할 일들을 모두 해주고는 사라졌다는 것이지. 이제 콩쥐는 잔치에 갈 수 있게 되었어. 그런데 콩쥐는 잔치에 가다 웬걸? 신발 한 짝을 잃어버리게 된다네. 그런데 그 신발을 하필이면 그 원님이 발견하고는 콩쥐에게 돌려주게 되고 이를 계기로 콩쥐에게 반해서 결국 콩쥐와 혼인까지 하게 되었대.

콩쥐가 이렇게 잘 되는데 그 새엄마하고 못된 팥쥐가 가만히 있었겠어? 질투로 똘똘 뭉친 팥쥐가 콩쥐를 유인하여 연못에 빠뜨려 죽이고는 자신이 콩쥐인 양 행세하기 시작하는데, 반전! 콩쥐가 꽃으로 환생해서는 팥쥐에게 복수하려고 하지. 그런데 그리 쉽게 당할 팥쥐가 아니지? 그 꽃을 아궁이에 넣어서 태워버린대. 그런데 마침 불을 얻으러 온 이웃집 할머니가 부엌에서 구슬을 발견하게 되고, 그 구슬은 다시 콩쥐로 변신! 팥쥐를 콩쥐로 잘 못 알고 있던 원님에게 사실을 알려주지. 원님이 우물에서 콩쥐의 시신을 찾아 올리니 이제 콩쥐는 진짜로 다시 살아나게 되었고, 자신을 죽였던 팥쥐를 죽여서 새엄마에게 보내는데 새엄마도 팥쥐의 시신을 보고는 놀라서 죽어버린다는 이야기야. 어때? 결말이 좀 괴기스럽지? 뭐, 어찌 되었건 권선징악이라는 전통적 교훈이 잘 깃들어 있는 이야기라고 할 수 있지. 누가 지었냐고? 몰라. 구전 설화거든. 그러니까 입에서 입으로 전해져 오는 이야기 말이야. 20세기 초쯤에 〈콩쥐팥쥐전〉이라는 제목으로 소설화 되었던 것일 뿐이라네.

◯ **토끼와 거북이**　　　이솝이 쓴 우화에 나오는 이야기야. 옛날 옛적에, 토끼와 거북이가 살고 있었는데, 토끼가 허구헌 날 거북이를 느림보라고 놀려댔대. 그러던 어느 날, 거북이가 더 이상 참지 못하고는 토끼에게 달리기 경주를 제안하였지. 말도 안 되는 제안이었지만 아마 토끼가 거북이의 코를 완전히 납작하게 만들 기회라고 생각했었나 보지? 그 제안을 승낙해서 드디어 경주하게 된 거야. 그런데 토끼가 한참을 달려나가다가 뒤를 돌아보았더니 거북이가 정말로 까마득하게 뒤져 있는 게 아니겠어? 정말로 너무 멀리 있었던 거 같아 마음을 푹 놓고는 중간에 낮잠을 한참 청하는데, 이런! 너무 오래도록 잠을 잤던 게지. 눈을 딱 뜨는데 거북이가 글쎄 이미 결승점을 지나버린 거야. 이미 땅을 치고 후회를 해도 소용이 없었겠지? 아마 '꾸준히 노력하는 자가 결국 승리'한다는 교훈을 주고 싶었지 싶어.^^

◯ **홍길동전**　　　홍길동전은 우리나라 최초의 한글 소설로 유명하지. 조선 중기 광해군 때의 정치가이자 학자였던 허균이 지은 것으로 알려져 있어. 하지만 허균이 심심해서 지은 이야기는 아니고 자신이 살던 당대의 사회가 처한 다양한 문제를 개혁하고 새로운 세상을 이루고자 했던 자신의 혁명적 입장이 그대로 반영된 것으로 평가받고 있지.

그러니까 홍길동이 탐관오리를 혼내주고 가난한 사람을 도와주는 등의 선행을 하다가 자신을 지지하는 사람들과 함께 멀리 떠나 율도국을 세워서 아주아주 이 상적인 사회를 구현했다는 식의 이야기 전체가 사실은 허균이 꿈꾸던 아름다운 세상이 모습이었다는 것이지.

◯ **개미와 베짱이**　　　　너무 유명한 이야기라서 따로 설명할 필요가 있을 까? 겨울을 대비해 음식을 열심히 모으는 개미와 따뜻한 계절을 한껏 노래하며 즐기는 베짱이가 결국 겨울이 되어 완전히 다른 처지에 놓이게 된다는 이야기지. 결말? 베짱이는 굶주림에 시달리다 개미에게 구걸하는 신세로 전락하고 개미는 철저하게 준비한 대로 따뜻한 집 안에서 풍족한 음식으로 겨울을 나게 된다는 것 이지 뭐.^^ 이솝이 쓴 우화에 들어 있는 이야기라네!

◯ **로빈 후드** Robin Hood　　　우리에게 홍길동이 있다면 영국 사람들에게는 로 빈 후드가 있지. 로빈 후드는 중세 영국의 전설적 영웅에 관한 이야기야. 로빈 후 드는 11세기 잉글랜드의 셔우드라는 숲을 근거지로 리틀 존과 태크 수도사 등 과 같은 의적들과 힘을 합쳐서 포악한 관리나 욕심 많은 귀족, 나쁜 행동을 일 삼던 성직자들을 혼내주고 가난한 사람들을 돕는다는 이야기야. 혹자는 1160 년~1247년경 실제로 활동했던 인물이라고도 하고 헌팅던 백작 R.피츠스^{또는 체스} ^{터 백작 랜들}의 별명이라고도 하는데 확실한 증거는 없어.

문학상으로는 14세기 후반 랭글랜드의 장편시 《농부 피어스의 환상》에 나타난 것이 가장 오래되었고, 스코틀랜드의 역사가인 윈턴의 《스코틀랜드 연대기》[1420]에서도 그 이름을 볼 수 있대.

◯ **피리 부는 사나이**　　　　독일에 하멜른이라고 하는 아주 작은 도시가 있었어. 근데 이 도시는 쥐가 들끓었었나 봐. 음식을 축내는 건 물론이고 사람을 공격하기까지 했었으니까 골치는 골치였겠지? 시민들은 끊임없이 쥐를 없애달라고 시장에게 요구하고 항의도 했었지만 그게 어디 쉬웠겠어? 근데 그러던 어느 날 낯선 남자 한 명이 마법의 피리를 가지고 이 도시에 등장한 거야. 그 사내는 시장에게 이렇게 제안을 해. 쥐들을 모두 없애주는 대신 금화 천 냥을 달라고 말이야. 천 냥은 모르긴 몰라도 어마어마하게 큰돈이었나 봐. 하지만 시장은 당장 쥐를 없애는 게 워낙 중요한 문제였기 때문에 이 제안을 덥석 받아들였지. 계약이 성사되자 사내는 사내가 도심 한복판에서 마법 피리를 불었어. 그러자 도시 곳곳에 숨어 있던 쥐들이 모두 나와서는 사내를 뒤따르기 시작했어. 피리 부는 사내는 쥐들을 끌고 강가로 가서 모두 물에 빠뜨려버리지. 이제 도시는 쥐에 대한 공포로부터 해방되었어. 근데 시장은 문제가 해결되자 약속했던 돈이 아깝다는 생각이 들었대. 그래서 약속한 금액보다 적은 금액을 주고는 사내를 내쫓아버리려고 했어. 사내는 다시 하멜른 도시의 한복판에서 피리를 불었대. 그러자 이번에는 도시에 있는 아이들이 모여들었더라는 거야. 그리고는 사내의 뒤를 쫓아가기 시작하는

데, 사내는 아이들을 데리고 도시에서 멀리 떨어진 동굴로 들어가 버렸대. 그리고 는 그 이후로 사내와 아이들을 어느 누구도 두 번 다시는 볼 수 없었대.

조금 무시무시하지? 그러니까 약속을 잘 지켜야지, 안 그래? 이 이야기는 중세시 대 독일의 도시 하멜른Hameln에서 내려오는 전설이야. 근데 이 전설을 바탕으로 독일의 그림형제Bruder Grimm, 영국의 로버트 브라우닝Robert Browning, 일본의 아 베긴야阿部謹也 등이 동화로 재구성해서 세상에 나오게 되었다네? 그중에서도 특 히 로버트 브라우닝은 이 전설을 토대로 시를 지었고, 이를 기반으로 1888년 그 림책《하멜른의 피리 부는 사나이The Pied Piper of Hamelin》를 출판했는데, 우리나 라 동화책의 대부분은 이 그림책이 번역된 것이라고 알려졌어.

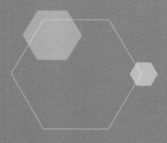

끊임없이 던져지는
동화 속 질문들을 기대하며…